Books for High School Teacher

<small>高校教師のための</small>

進路指導
就職支援

チームSMASH 著
佐藤革馬 編

学事出版

はじめに ••

　「卒業生を送り出したばかりなのに、もう進路指導主事を任されてしまった」
と、高校教師の仕事にようやく慣れてきたときに、進路指導部に命課（任命）
されて不安や戸惑いを感じている方は少なくないのではないでしょうか。また、
「就職支援のやり方がわからない」「進路指導方針ってどうやって作ったらいい
のだろう……」など、初めての経験が山積みの状態で、どこから手をつければ
よいか悩むこともあるかもしれません。

　本書は、そのような進路指導にかかわる不安や疑問を一掃し、進路指導部と
して今すぐ実践できるノウハウを余すところなく提供する一冊です。

進路指導主事の役割

　進路指導主事は、学校教育法施行規則第71条３項で示されている充て職です。
校長の監督を受け、①職業選択の指導、②進路の指導をつかさどる役職とされ
ています。実際の学校現場では、受験指導や就職試験対策が中心になりがちで
す。しかし、「進路指導」は単に入試や採用選考に合格させるための「出口指
導」ではありません。生徒が自分の生き方を見つめ、将来の目標を明確にし、
自らの意思と責任で決定できる力を育むこと、いわば「キャリア教育」の中核
を成す取り組みこそが、本来の進路指導になります。

　また、社会情勢の変化が大きいことで、進路活動に関する情報を常にキャッ
チし、知識を更新し続けることがますます重要になっています。近年は、少子
化が進み労働人口が減少しています。人手不足の危機に対応するため、賃金の
引き上げや福利厚生の充実など、高卒者を採用・定着させる企業努力が顕著で
す。一方、大学進学率はおよそ６割に達し、入学者選抜の多様化など、高校生
を取り巻く受験環境も時代とともに変化し続けています。

　とは言え、実務を担う進路指導部の教師は「就職支援をどのように進めるの
か」「年間の進路行事をどう計画するか」「進学から就職まで多様な進路希望に
合わせて『進路多様校』でまずは何をしたらいいのか」といった目の前の生徒
や学校の実態に合わせた進路指導に頭を抱えています。

本書の特徴

　本書は、こうした現場のリアルな悩みに応えるべく、進路指導部を初めて担当する教師であっても筆者たちの長年培ってきた経験を手にできるように、豊富な実践事例と具体的な進路指導のポイントをまとめ上げています。また、学年ごとの進路指導業務を整理し、進学・就職いずれの進路希望にも対応できるように配慮しています。定時制高校等の場合は４年生での卒業もありますが、本書では便宜上、１年生・２年生・３年生で章を区切っています。４年生などは必要に応じて適宜読み替えてほしいと思います。

　公立高校でも私立高校でも、全日制でも定時制でも汎用性の高い内容となっています。さらに、キャリア教育を学ぶ大学生や、将来教師を目指す学生にとっても、全国各地の進路指導の実践知に触れる貴重な一冊になるはずです。

チームSMASHから

　執筆を手がけたのは、「チームSMASH」です。全国の現役高校教師からなるグループで、公立・私立、全日制・定時制を問わず多様な現場を経験している教師の集まりです。

　私は、公立高校１校目は小規模の進路多様校に配属され、勤務２年目のときに進路指導主事を任されました。まさに「右も左もわからないまま」始まった立場でした。それ以降、生徒たちの人生に深く関わる"進路支援"に長らく携わり、その中で得た学びを惜しみなく詰め込みました。「まずは何をしたらよいのか」と迷ったときに、進路支援のヒントを提供できるよう心がけています。

　本書を通して、進路指導主事としての年間計画の立て方、進路指導部の役割、そして何より「生徒の未来」を見据えた"進路支援"の在り方を探究していきましょう。これからの高校生が社会に羽ばたくための大切なサポート役として、ぜひ本書を手に取り、日々の実践に活かしていただければ幸いです。

　私たちチームSMASH一同、あなたと共に生徒の未来を切り拓いていけることを心から楽しみにしています。どうぞ最後までお付き合いくださいませ。

「高校教師のための
進路指導・就職支援」

はじめに ……………………………………………………………… 3

第1章 1年生

年度初めの進路指導まずはここから ………………………… 12
進路相談できる場所や人と生徒をつなぐ …………………… 14
進路ガイダンスの仕方
　　　〜単位・評定・出欠等について〜 ……………………… 16
進路ガイダンスの仕方
　　　〜大学等の入試について〜 ……………………………… 18
進路ガイダンスの仕方
　　　〜資格取得について〜 …………………………………… 20
進路ガイダンスの仕方
　　　〜模擬試験について〜 …………………………………… 22
〈共通〉模擬試験の前後にどのような声掛けをするか ……… 24
自分の進路について考える …………………………………… 26
〈共通〉適性検査を進路指導に活用する ……………………… 28
先輩たちの進路について調べる ……………………………… 30
「職業調べ」を通じて学びを深める …………………………… 32
〈共通〉「将来の夢」は時間をかけて丁寧に引き出す ………… 34
〈共通〉「進学相談会」は事前・事後学習を丁寧に行う ……… 36
オープンキャンパスの動機付けをする ……………………… 38
課外活動やボランティアを勧める …………………………… 40
アルバイトから労働や職業について考えさせる …………… 42
初めての長期休業の過ごし方を伝える ……………………… 44
　　Column① 進路面談で生徒と保護者の意見が割れたとき …… 46

第2章 2年生

- 年度初めの進路指導と年間の見通し……………………50
- 進路ガイダンスの仕方
  〜大学進学に向けて2年生にすること〜……………52
- 進路ガイダンスの仕方
  〜模擬試験をどう活用するか〜………………………54
- 〈共通〉進路ガイダンスの仕方
  〜学部・学科・進学先調べのポイント〜……………56
- 進路ガイダンスの仕方
  〜資格取得（進学・就職）〜…………………………58
- 課外活動やボランティアも進路に直結する……………60
- 〈共通〉インターンシップを効果的に実施する………62
- 進路ガイダンスの仕方
  〜進路情報の集め方〜…………………………………64
- オープンキャンパスのメリット・デメリット…………66
- 〈共通〉自身のロールモデルになりそうな人に会いに行く…68
- 進路ガイダンスの仕方
  〜2年生の夏休みをどう過ごすか〜…………………70
- 進路ガイダンスの仕方
  〜文理選択について〜…………………………………72
- 総合型選抜・学校推薦型選抜の準備……………………74
- 〈共通〉自分が考えたり調べたりしたものを
  ポートフォリオにする…………………………………76

Column② 進路実現とお金の問題　78

第3章 3年生

進路指導計画はキャリア教育の視点で………………………82

進路ガイダンスの仕方

　　　～大学進学希望者に一番伝えるべきこと～…………84

進路ガイダンスの仕方

　　　～進路情報の集め方～………………………………86

進路ガイダンスの仕方

　　　～資格取得（進学・就職）～………………………88

〈共通〉進路ガイダンスの仕方

　　　～就職活動について～………………………………90

就職活動のスケジュールと求人票の見方………………92

職場見学・インターンシップの申込み…………………94

履歴書指導（進路指導部として）………………………96

就職試験対策

　　　～筆記・面接試験、適性検査～……………………98

公務員試験対策

　　　～教養・論作文・面接～…………………………100

調査書記入の準備と点検について……………………102

オープンキャンパスで気持ちを切り替える…………104

大学入学共通テスト出願時のポイント………………106

小論文指導のポイント…………………………………108

面接指導のポイント……………………………………110

総合型選抜・学校推薦型選抜の準備…………………112

大学入学志望理由書、活動報告書、学修計画書の準備…114

入学試験前の声掛け……………………………………116

合格、不合格のフォロー（進学・就職）……………118

志望校検討会の実施（進路指導部・学年）……………120
高卒認定試験について知っておく……………………122
　Column③ 安易に決めない進路選択……………124

おわりに………………………………………………126

※〈共通〉は学年に関わらず進路指導に関わる項目です。
※入試および就職に関する時期や日程は2025年2月時点の情報に基づいています。

第 1 章

1年生

The first grade

年度初めの進路指導 まずはここから

#面談

✦ | 進路指導は「進路支援」の視点で行う

　新入生を迎える年度初めに、生徒が３年間でどのように進路活動を進めていくのか、教員間で目線合わせをしておくことが重要です。進路指導の全体計画を進路指導部から学年や担任に説明し、進路指導が「出口指導」ではなく、生徒が主体的に将来を描ける「進路支援」の視点が大事であることを強調します。参考になるのは『中学校・高等学校キャリア教育の手引き』（文部科学省）です。生徒の生涯を通じて育成される能力について検討し、学校や地域の実情に合わせて進路指導の方針を策定することが大切です。

✦ | １年生はこれまでを振り返るワークから始める

　特に、１年生では、自己理解を深める取り組みが有効です。例えば、「中学校で頑張ってきたことは？」「得意な教科は？」と振り返りを通して自分自身との対話につながる質問を多くすることで、自分自身の将来を考えるための土台を作ります。**それまでの経験を振り返り、好きなことや興味があること、大切にしている価値観を言語化し、自分との対話を繰り返すようなワークを実施するとよいでしょう。**併せて、担任が生徒との面談をしやすいように、進路指導部は卒業生の進路状況をまとめた資料を用意します。

✦ | 年度当初の進路面談〈進学校の場合〉

　ここで、進学校と進路多様校のそれぞれの年度初めに行う進路面談の例を以下に示します。
　まず、進学校の場合、生徒の自己理解を深める質問に加えて、**大学入学共通テストや国公立大学の一般選抜からの逆算で、今後の進路活動の流れを伝えるとスムーズです。**先輩たちの模擬試験の蓄積データは受験指導の基礎資料とし

て3年間使うことができるので、卒業生の進路先と併せて、1年生に示すとよいでしょう。新入生にとってこれからの高校での学習計画をより具体的にイメージしやすくなります。

　進学校であっても、入学したばかりの生徒は、まだ大学進学について漠然とした進路意識の生徒が大半です。面談で「希望している大学は？」と尋ねるよりも、大学について卒業生のデータから情報提供をする程度にとどめるのがよいでしょう。地元の大学以外を知る機会にもなります。

✦ 1年度当初の進路面談〈進路多様校の場合〉

　進路多様校の場合は、進学希望者には進学校と同じような面談をしますが、就職希望者や進路についてまだ考えていない生徒に対しては、高校生としてどのようなことに取り組みたいのか、何にチャレンジしたいのか質問し、それはなぜか、そのように思うようになったきっかけは何かと、**生徒のこれまでの経験から今の自分があるという気付きにつながる質問を多くするように、面談で意識するとよいでしょう。**

　就職希望者には、就職活動のスタートについて、公務員試験の出願が高校3年生の6月頃から、求人票公開は7月からと、進学するよりもスタートの時期が早いことも簡単に伝えておくとよいでしょう。

　4月は、新入生に高校生としての意識付けをする大切な時期です。面談を通して担任が生徒との信頼関係を作りやすいように、進路に関する情報提供をすることでサポートしてください。

卒業時から逆算して流れを伝える

The first grade

進路相談できる場所や人と生徒をつなぐ

#面談

　学校には進路指導室や資料室などがあります。そこには、学校によっては進学先の資料や、求人票、会社見学の資料などが置かれています。学年問わずに使用ができるので、折を見て確認するように促すとよいでしょう。進路指導室には進路指導部の担当の教員がいるので、相談が可能です。早いうちに相談をしに行ってみると、高校３年生になったときにもスムーズに進めることができます。早めに紹介しておくとよいでしょう。

　１年生には今後の進路活動などを考えることはまだイメージがなく、なかなかハードルも高いかもしれませんが、もし疑問などがあれば、進路指導部の教員に気軽に聞いてみることが最初の一歩となります。例えば、入学して早い段階で２年生の科目選択が始まることが多くあります。すぐに科目を選ばなければいけないため、決めるのが難しい生徒も多いでしょう。**単なる好き・嫌いや得意・不得意などで安易な選択をすると、文理選択や受験科目などにも支障が出る可能性があるので、丁寧にサポートする必要があります。**

✦│進路指導部以外の教員にもつなぐ

　また、進路指導室が進路指導の拠点となる部屋ですが、職員室や教科担当の部屋なども学校にはあります。教員がふだんどの部屋にいるのかは、分掌などにもよってそれぞれ異なります。学校にはさまざまな教科担当がそろっているので、自分の志望する学問分野に近い教員に進路相談をすることも有効な手段です。こちらも早いうちに相談ができるようになると、今後にとってプラスになります。**入学後早めの段階で各教員のいる場所を確認しておくことを伝えましょう。**

　時間があれば、生徒を連れて、進路指導室の使い方のガイダンスや、教科担当の部屋などを含めて簡単な学校内のツアーなどをしてみるのもおすすめです。

特に進路関係で、各学年で進路指導部を担当している教員がどこにいるのかを生徒に伝えておくと、相談もスムーズに進むでしょう。

✦ | 図書館の活用法もアナウンスする

学校に図書館があれば、そこでも進路について学ぶことが可能です。学校司書がいれば、進路に関係する本の情報を聞くこともできます。職業関連の書籍もあるので、進路のヒントになりそうなものがあるはずです。

例えば、ぺりかん社のなるにはBooksシリーズ（『ファッションデザイナーになるには』『保育士になるには』などがあります）や、高校生向けの新書などについても聞いてみるとよいでしょう。学校には生徒の実態に合わせた書籍がそろっていることが多いので、参考にできそうな本について質問してみるのも有効です。

進路は、自分で調べることも大事ですが、いろいろな教員と相談をしながら、意見をもらったり、引き出してもらったりすることで前に進みます。進路指導部の教員を中心に、積極的に相談するように促しましょう。

校内の資料・教員のいる場所を伝えておく

`The first grade`

進路ガイダンスの仕方
~単位・評定・出欠等について~

#成績

　高校は義務教育とは異なり、単位を修得しないと卒業ができません。「単位」という唐突に出てくる言葉に混乱する生徒もいることでしょう。「単位を修得するってどういうこと？」「進級できなかったらどうしよう」と不安を抱えている生徒も少なくありません。まずは、その不安を取り除くために、生徒・保護者に向けてガイダンスをする必要があります。

✦ 1「履修」「修得」「単位」の仕組みについて説明する

　まず、最初に説明しなければならないのは、「履修」「修得」「単位」の話です。とはいえ、理解してもらわないといけないので、できるだけ簡単な言葉でわかりやすく説明する必要があります。
　例えば、学年制の高校の場合、このような順序で説明しています。

- 進級の条件は、高校の教育課程（卒業までに学ぶべき科目とその順序を定めたもの）に設定された科目を、学年ごとに全て履修して修得することです。
- 「履修」とは「学習した」と認められることで、本校の場合は、授業に3分の2以上出席することが条件です。
- 「履修」が認められた科目について、その科目の内容を理解し、学習目標に達したと認められたとき、「修得」できたことになります。
（さらに具体的な話をするならば、学年末に確定する「評定」が2～5である科目については、「修得できた」ということになります）
- 「単位」とは学修に要する時間を表す基準であり、多くの場合1週間に1回授業があれば1単位と表します。その単位を74単位以上修得することが、卒業の条件になっています。

　欠席数については、ここでは例として「授業に3分の2以上出席すること」としていますが、事前に勤務校の内規等を確認しましょう。

このように、**勤務校の進級や卒業の条件を最初に話しておくことで、不要な**
トラブルを回避できます。上記は、学年制の学校を例に説明しましたが、単位
制の学校はまた少し事情が異なります。例えば、1年次で受講していた科目の
単位を習得できない場合でも、ある一定の条件をクリアしていれば「進級」で
きる高校もあります。この単位認定のルールは、各学校で異なっていますので、
あらかじめ教務部と確認しておきましょう。

✦ |「評価」と「評定」の違いについて説明する

上記の内容と関連し、調査書について質問を受けることがあります。例えば、
「評価と評定どちらも調査書に載るのか」「欠席が多いと調査書の印象が悪いの
か」等です。評価というのは、多くの学校の場合、学期ごとに通知表に掲載さ
れ生徒に手渡すもので、学校によって5段階だったり、10段階だったりします。
評定は、学年末に5段階で算出されるものであり、調査書にはその評定が記載
されます。

「じゃあ評価は関係ないのか」という話をしてくる生徒もいますが、評価を参
考にして評定が決まるので、**学期ごとの評価が悪くて評定が良いということは**
ありえません。評定には学期ごとの評価も関わってくることを伝えます。

✦ |「欠席日数」について説明する

また、調査書の欠席日数についての質問を受けることもあります。もちろん
欠席は少ないほうがよいです。忌引や出席停止の場合は通常の欠席とは異なり
ますが、風邪や通院のための欠席は、そのまま通常の欠席になります。欠席日
数が何日以上であると進学・就職に不利というのは、進学先や就職先によって
異なり、一概には言えませんが、**年間で10日以上欠席がある場合には欠席理**
由を記載する学校も多いので、それが一つの指針になるでしょう。

このあたりの詳しい内容は、『改訂版　高等学校　調査書・推薦書記入文例
&指導例～活動報告書・大学入学希望理由書・学修計画書から就職者用履歴書
まで～』（担任学研究会、学事出版）が参考になります。

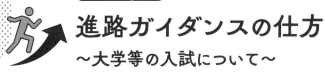

#生徒指導

　1年生の進路ガイダンスは、大学・短期大学・専門学校などの基本的な仕組みから、学費の話、高校3年間の過ごし方など幅広い内容を扱う必要があります。内容も複雑になる傾向があるので、ガイダンスの内容をまとめた資料（冊子やファイルなど）を配布して、説明をするとよいでしょう。

✦ **｜1年生のガイダンスで押さえておくこと**

　1回のガイダンスで入試システムの全てを伝えることは難しいので、学年集会やその他の時間なども活用しながら折に触れて進路の話ができるとよいでしょう。資料はいつでも見返せるように保管するように伝えましょう。

　「指定校はどこがあるのか？」という質問が出てくることが多くあります。指定校制推薦の枠は3年生の進路実績などで確認できますが、大学等も入試改革や組織改編があるので、毎年どこの枠があるのかはわかりません。**今後も指定校制学校推薦型選抜が必ずあるとは限らない」ことをあらかじめ伝え、指定校制学校推薦型選抜だけに頼らないように促しましょう**。

　また、中学校で勉強ができた生徒は、勉強をしなくても大丈夫と思っている場合もあります。しかし、高校受験を経て入学した生徒は、学力層が同じような生徒集団になるため、入学時の偏差値から、およそ15程度下がると言われています。**現在、勉強ができるからといっても、努力を続ける必要があります**。なるべく具体的な数字を使ってリアルさを伝えられるとよいでしょう。入学金・学費などで大学等に進学するときに100万円以上かかる場合もあることも折に触れて説明しておくと、トラブル防止になります。

✦ **｜高校生活の過ごし方について伝えておく**

　高校3年間の過ごし方として伝えたいことは、日々の授業や日常生活の大切

さです。大学等の推薦で必要な評定平均や、1年間で10日以上欠席しないほうがよいことなど、具体的な数字を入れて示します。日々の身なりや、授業態度なども重要です。

しかし、それ以上に大切なことは、自分自身の関心興味を広げることです。**授業も進路ガイダンスの一環としてとらえることもでき、興味関心を広げる機会になります**。部活動や、友人・家族との会話、好きなテレビ番組やSNSなど普段目にするもの、休日の過ごし方など、**学校内外の生活の全てに自分自身を知る材料があり、進路選択のヒントがあります**。このような視点も1年生から伝えておきたいものです。

✦ | 進路活動は行事だけではなく毎日の生活とつながっている

進路行事は、よく単発打ち上げ花火のように、そのときだけ考えて終わってしまいがちです。進路行事を中心としつつも、日々の全てが進路につながることも伝えられるとベストです。**学力や健康など、目標に向かって自分を高いレベルでキープする力と、興味関心を広げながら自分自身を深掘りしていく力、この両輪が大事です**。

特に1年生は、高校生活が始まったばかりです。欠席をしない、授業をしっかりと受ける、服装を正すなど、当たり前のことを当たり前にやることは大事ですが、それだけでは生徒たちの心は動きにくいです。高校生活を前向きに送ることができるように、進路ガイダンスでは学ぶ楽しさや社会、自分自身を知ることの面白さなど、**高校生活や進路について考えることを前向きにとらえられるような機会にすることが望ましいでしょう**。

初任の頃、大学進学希望者が8割を超えるような進学校で勤務していました。筆者は当時1年生の担任。自分自身の受験勉強を生徒に話すことはあっても、受験勉強の方法を「一般化」できずにいました。最初の進路ガイダンスで進路指導部長の説明を聞いて、なるほど！　生徒と一緒に勉強になりました。

19

The first grade
進路ガイダンスの仕方
～資格取得について～

　高校に入学してすぐは、勉強や部活動だけでなく新たなことに挑戦してみたいと思う生徒が多いでしょう。高校生が取得できる資格にはどのようなものがあり、それらをどのように位置付けていけばよいでしょうか。

✦ | 専門高校と普通科高校とで異なる位置付け

　高校卒業後の職業で必要とされる知識や技術を学ぶ専門高校（例えば、農業高校、工業高校、商業高校、水産高校や保育、福祉、看護、情報に関する学科を設置する学校など）の場合、専門分野の資格取得がカリキュラムに位置付けられていることが多いです。

　しかし、普通科高校の場合は、そのようなものはないので、一般的な英語や漢字、数学や情報などに関する資格試験があることを説明します。生徒の中には、高校入学までに英語や漢字の検定試験を受けて資格を取得していることもありますが、高校でもその学びを継続し、上位資格を取得することを目指すように伝えましょう。

✦ | 資格取得についてメリット・デメリットの双方を説明する

　資格取得について説明をする上で重視するポイントは、「**この資格を取得すると、在学中や受験時もしくは将来に、どのようなことにつながるか**」という**見通しを持たせることです**。最近では、総合型選抜等で出願条件に資格を挙げる大学や学部もあるので、１年生のうちから大学等の募集要項やホームページ等で情報を集め、この先の進路や、将来したいことについて考える機会を作りましょう。

　一方で、資格取得について説明するときには、やみくもに資格が大事であると伝えるのではなく、**まずは学校での学習が優先で、その延長線上に資格取得**

<u>があることを強調します</u>。なぜならば、高校では資格を取得すること以外にもたくさん学ぶことがあるため、資格取得のための勉強をする時間を十分に確保できないからです。資格取得に集中して取り組むあまり日頃の授業がおろそかになると、結果的に本人にとってマイナスになる場合もあります。

✦ | 資格取得に向けた学習計画をサポートする

　資格取得にチャレンジする生徒がいる場合は、生徒自身が計画的に学習に臨めるように、年間行事計画表を見ながらいつどのような資格試験があり、いつから準備をしておくかプランニングをさせてみましょう。資格や検定のための補習やおすすめのテキストなどがあれば、生徒の学習を促すことができるタイミングで紹介していきます。

✦ |「資格取得コーナー」に情報をまとめておく

　ガイダンスの際には、一度に多くの情報を伝えても混乱するので、教室や廊下等に「資格取得コーナー」を設けて情報を集約し、資格の難易度を示したりするのもおすすめです。また、進路指導部で卒業生や上級生の合格体験記を聞く機会を設けたりするのも効果的です。1年生のうちの目標だけでなく、高校3年間で上位資格を目指せるような環境を学校として作っていけるとよいでしょう。

✦ | 教科の学習から資格・検定につながるもの（参考）

〈英語〉実用英語技能検定・TOEIC・TOEFL

〈国語〉日本語検定・日本漢字能力検定

〈数学〉実用数学技能検定

〈社会〉歴史能力検定・ニュース時事能力検定

〈理科〉実用理科技能検定・気象予報士試験

〈情報〉ITパスポート試験・マイクロソフトオフィススペシャリスト（MOS）・
　　　　基本情報技術者試験

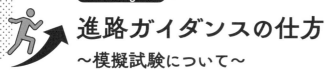

成績

進路ガイダンスの仕方
～模擬試験について～

　模擬試験は学校で受験するものと、外部会場（塾や予備校等）や自宅で受験するものがあります。ここでは学校で受験する場合について説明します。

✦ | 高校1年生の模擬試験は動機付けが必須

　高校1年生を対象とする模擬試験は、学校で採用している模擬試験によって時期や内容もさまざまですが、早いものでは入学後から実施されるものがあります。出題範囲が公開されている場合もありますが、非公開の場合もありますので、生徒には教員側からの明確な動機付けが必要です。

　1年生の段階では、志望大学が明確に決まっていないことがほとんどです。何のために模擬試験を受けるのか。事前に次の三つのことを説明しましょう。

✦ | 模擬試験の目的は順位ではない

　一つ目は、模擬試験の目的についてです。**1年生の模擬試験は自分自身の学習の到達度や苦手な部分を客観的に知ることが主な目的であり、得点や全国順位・校内順位、偏差値等を他者と競うために受けるものではない**ということです。

　特に1年生のうちは、模擬試験の科目数が大学入学試験の実際の試験科目数に満たないことから、志望校判定は参考程度にしかなりません。生徒や保護者は全国や校内における順位を知りたがりますが、大切なことは学習の振り返りをすることであり、模擬試験までに学習したことが結果としてどのように表れているか、日常の学習時間や内容が適切であるかを確認することである点を強調し、結果に一喜一憂しないように伝えましょう。

✦｜模擬試験は入試の練習であることを伝える

　二つ目は、模擬試験の受け方についてです。開始時間に遅れないことはもちろんですが、**持ち物の準備や会場の緊張感も全ては大学入学試験につながっていくものであり、その練習を積み重ねることが必要**であると説明します。

　基本的な事柄ですが、机の上に置いてよい筆記用具は何か、受験票はどのように扱うか、学校名・学年・組・番号を正しく書けるか、選択した問題や科目、解答欄を誤って書いてしまわないかなど、完全にできるまでには練習が必要です。また、マークシート形式の場合は、シャープペンシルよりも鉛筆のほうが効率よく塗りつぶしができますから、鉛筆を持参させて正しい位置にマークできるかなども練習が必要であることを説明します。

　解答用紙に記入した答えを問題冊子に書き写しておき、後に配布される解答冊子で自己採点ができるようにする指導も必要でしょう。

✦｜模擬試験の年間スケジュールを伝える

　三つ目は、年間の模擬試験の見通しについてです。いつの時期に、どのような種類（模擬試験の名称・主催の会社名）、どのような目的で実施するかを示します。試験日が年間行事予定表に示されている場合は学校行事や定期考査、部活動の大会の時期等と併せて説明し、学習計画を立てさせるのもよいでしょう。

　また、生徒の中には、難関大学に特化した模擬試験を個人で受けたいと考えている場合もあります。塾や予備校に通っている場合は模擬試験の重複を避けるためにも、計画的な受験計画を示す必要があるのです。

The first grade

#成績

〈共通〉模擬試験の前後に どのような声掛けをするか

　模擬試験は、国語や数学、英語などの各教科において、1、2年生では学習の到達状況を確かめたり、3年生では受験に向けた学力や集団の中での位置を把握したりすることなどが目的です。受験票の記入、選択科目の確認や志望校の記入方法、試験の受け方などについては各学校でマニュアルが作られていることでしょう。模擬試験は学校を会場とする場合と外部の会場に受けに行く場合がありますが、学校で行う場合はただ試験を受けるということだけでなく、教育的な意義について考えたいものです。

1 模擬試験を通じて、思いやりや尊重の態度を育む

　高校は進路保障に対する取り組みが大変重視されます。当然ですが、進路は生徒それぞれが自分の力を活かして、切り拓く必要があります。学年やクラスといった集団の中で、生徒が安心して進路を切り拓く準備をするためには、**互いの進路を尊重する態度、さらに言えば、個人を尊重する態度を涵養すること**が大切となってくるでしょう。

　生徒によって模擬試験は必要と感じる生徒もいれば、そうでない生徒もいるかもしれません。必要がないからといって、寝ていたり、模擬試験の妨げになるような態度をとったりする生徒がいることは、その試験を必要とする生徒にとっては、最善を尽くすことができる環境とは言えません。**静謐で、試験に向き合うことができるような環境を協力して作る**ことは、生徒一人ひとりがお互いを思いやり、尊重する態度につながることを生徒に普段から話しておきたいものです。

　こうした場面に応じて振る舞い、環境を作ることの大切さは、模擬試験だけではなく定期考査や小テストなどの各種試験の際にもふれておきたいですね。

✦｜外部で受ける模擬試験は本番さながら

　上級学年になると外部で試験を受ける機会も出てくるでしょう。外部での試験を受けると、入試が遠い時期のことではないと実感するようになります。入試が自分事になってくると、本番では試験監督や会場係員からの指示は聞き漏らさない、時間配分を常に考えるというようなことを徐々に理解していきます。そのため、模擬試験であっても本番のように振る舞えるようになります。

✦｜自己採点シートには生徒の感想を書いてもらう

　もう一つ、模擬試験に関してぜひふれておきたいことがあります。模擬試験を受けると生徒が自己採点をして、自己採点シートを教員が点検することがあります。どこが合っていたか、どこをどのように間違ったのかは大切なことですが、むしろ、**模擬試験を受けて、率直にどう思ったのか、何を感じたのかを生徒に書いてもらいたい**ですね。「もっと勉強すればよかった」「難しくて何もわからなかった」「英語は思っている以上に手応えがあった」など、さまざまな感想、意見が挙がるでしょう。出来・不出来はともかく、生徒は長時間にわたり、ひとりで試験と向き合いました。その時間で、さまざまなことについて、思いを巡らしたはずです。そうした状況を経て出てきた言葉は、**生徒の現状とこれから進んでいくために何が必要か、どのようなサポートがあればよいかといったことを知るためのヒントが隠されている**ように思えます。

模擬試験の結果に一喜一憂する生徒は、大学進学に向けて真剣に取り組もうとしている生徒のことが多いです。筆者は、生徒の感情に焦点を当てながら、一緒に喜び、一緒に悔やみながら、模擬試験の結果に生徒が向き合うように面談を進めています。模擬試験後の声掛けが、生徒の学習に向かうチカラに変わり、第一志望校に合格する可能性を高めると確信しています。

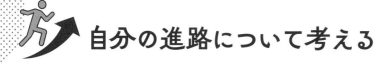

The first grade

#ICT

自分の進路について考える

　中学生から高校生になり、高校1年生は不安と期待が入り交じりながら学校生活を送っている生徒も多いでしょう。何においても、1年目というのはそういうものです。「こんな時期に進路のことなんて」と思うかもしれませんが、自分の進路について少しずつ考えていかなければなりません。

✦｜高校卒業後は、進学か就職か？

　現在の日本において、どの中学生も高校に進学するときは、同じような進路活動をすることが多いのではないでしょうか。しかしながら、**高校卒業から先は、選択肢が増え多様な進路に変わっていきます**。多くの生徒は高校在学中に18歳で成人になり、その後に進学なのか、就職なのか選択を迫られることでしょう。進学であれば、大学や短期大学、専門学校なのか、何のためにどのようなことを学ばないといけないのかについて考えなくてはなりません。

　また、就職であれば、どのような職業で、どのような場所で働きたいのか考えなければいけません。もちろん、今までそのようなことを考えてきていないと思うので、いきなり考えろと言われても難しい話です。

✦｜「職業適性検査」を参考に、職業について調べる

　それでは、いったいどのように考えればよいでしょうか。

　多くの学校では年に一度「職業適性検査」（次項参照）を実施します。たくさんある質問に答えると、どのような適性があるか、どの職業が向いているのかという判定が出るものです。もちろんこれが全てではありませんし、向いている職業として判定されるものは一つではありません。この判定を参考に、**まずはその職業について調べることが第一歩です**。

　自分のやりたいことが決まっているという生徒や家業を継ぐという生徒もい

るかもしれませんが、そのような場合でも幅広く職業を知ることは大切なので、一緒に取り組ませましょう。もしかしたら、生徒自身が考えてもいなかった職業に出会えるかもしれませんし、その職業のほうが魅力的だったということもあるかもしれません。

✦ | ぼんやりと進路の方向性が決まればOK

　具体的に職業を調べるにあたっては、進路指導室や図書館においてあるぺりかん社のなるにはBooksシリーズが有名です。さまざまな職業を網羅しており、探しやすいです。また、今後伸びる職業について書いてある本や、給与別に職業を紹介している本もありますので、進路指導室や図書館に本を準備しておくとよいでしょう。

　スマートフォンやタブレット等で調べてもよいのですが、それが真実であるかどうか気を付けなければなりません。必ず信頼のおける機関が発信しているのか確認させましょう。

　自分の職業や方向性が決まったら、進学したほうがよいのか、就職したほうがよいのかが見えてきます。**1年生の段階では、進路を確定するというというより、ぼんやりとでも進路を意識し、方向性を定めるくらいでよい**です。何も考えずに高校生活を送ってしまうと、後で後悔することもあるかもしれません。生徒には、その部分も十分に周知し、自分の進路について考えさせましょう。

1年生のときはなんとなく公務員希望だった生徒がいました。その学年は、担任だけでなく学年主任も面談し、進路意識を高める学年でした。「なぜ公務員を希望しているのか」と、生徒の自己理解を促し続けたところ、学び合う仲間も増えたこともあり、その生徒は3年生になって東京大学を受験しました。印象的な出来事でした。

The first grade

〈共通〉適性検査を進路指導に活用する

　適性検査や適職検査は、自分の興味・能力・性格を客観的に理解するための有効なツールです。1年生の入学して間もないとき、2年生の文理選択時、3年生の就職活動が始まるときなど、生徒の進路選択のタイミングで実施すると大きな効果が得られます。

✦ 1 適性がわかる「職業興味モデル（RIASECモデル）」

　これらの検査を活用することで、生徒は自身に適した職業や学問分野を見つけやすくなります。キャリアコンサルティングで活用されるこれらの検査について、ベースとなる理論の概要を進路指導部として知っておくとよいでしょう。

　ジョン・ホランドによって提唱された職業選択理論である「職業興味モデル（RIASECモデル）」は、**個人の興味や性格特性に基づいて職業を分類・分析するためのフレームワークです**。このモデルは、キャリアガイダンスや適職診断に広く活用されていて、職業興味を以下の6つのタイプに分類します。

　　現実型（R）：実践的で手先を使う活動を好む
　　研究型（I）：分析的で知的な探究を好む
　　芸術型（A）：創造的で表現的な活動を好む
　　社会型（S）：人と関わり、助けることを好む
　　企業型（E）：リーダーシップや影響力を発揮することを好む
　　慣習型（C）：構造化された環境での正確な作業を好む

　RIASECモデルは、生徒の興味や性格を明確に把握でき、適した職業分野を提案しやすく、シンプルで理解しやすいモデルのため生徒にも受け入れやすい、というメリットがあます。その半面、6つのタイプに当てはまらない複雑な興

味を持つ生徒には対応が難しい場合があったり、社会背景によってはモデルが完全に適用できないこともあります。

✦ | 興味の度合いがわかる「VPI（職業興味検査）」

ホランドのモデルに基づいて開発された検査である「VPI（職業興味検査）」は、生徒の職業興味を詳細に評価します。質問に回答することで、**各タイプへの興味の度合いを数値化する検査**です。教員にとって、生徒の興味を定量的に把握でき、進路面談での具体的な資料になります。生徒にとっては自己理解が深まり、モチベーションの向上につながります。ただし、自己申告形式のため、生徒の回答に主観が入り結果が偏る可能性があることと、質問数が多く時間的負担が大きいことが導入の制約になっています。

✦ | 簡易的な検査なら無料オンラインも

教育系業者がオンラインで無料のサービスを提供してます。ホランドの理論を枠組みにしていますので、簡易的な検査として生徒面談の中で活用するとよいでしょう。例えば、スタディサプリ進路（リクルート）の「適職診断」や、マナビジョン（ベネッセ）の「適職・適学診断」などが便利です。費用はかかりますが、職業レディネス・テスト（独立行政法人労働政策研究・研修機構）など紙面で実施する検査もあります。生徒自身も検査結果を正しく理解し、自己成長につなげるようにサポートして取り組むことが大切です。

適性検査は実施する時期によって結果が変わることが多いです。適性検査の結果は本人が気付かなかった自分の一面を知ることができたり、「やりたい仕事がない」という生徒には、職業を知るきっかけになったりします。進路指導部長のときに、生徒と一緒に適性検査を受けたことがあります。なんと結果は、弁護士、音楽プロデューサー……と教員以外の仕事に適性がありました。確かに今なら、これらの職業につくこともありだな、と思ってしまいました。

The first grade

#教育相談

先輩たちの進路について調べる

　中学生から高校生になったことで、社会の見え方・とらえ方が変わってきた生徒もいるのではないでしょうか。もちろん入学したばかりの高校1年生は、中学生のときと変わらない生徒もまだまだ多いかもしれません。しかしながら、高校卒業後は自分自身で進路に向かって歩まなければなりません。

✦ | 進路を意識するかしないかで成長速度が変わる

　「入学してすぐに卒業後のことを考えるのか」と思う生徒もいるかもしれませんが、卒業後を意識して高校生活を過ごすのと、何も考えずに高校生活を過ごすでは成長速度に雲泥の差があります。**自身の長期的な目標や夢があってこそ、短期的な目標を立てることができ、今やるべきことが見えてくるのです。**とはいえ、生徒に対して「3年後の夢を描こう」「卒業後の進路を考えよう」と言ったところで現実味がありません。生徒は、「まだまだ先のことだ」と思ってしまい、自分事に落とし込めないからです。では、いったいどうすればよいのでしょうか。

✦ | 適性検査で方向性が見えたら、卒業生のデータを調べさせる

　まずは適性検査を参考にして、自分の強みや弱みを知ることです。現在では、非認知能力を測定する検査（例えばEdvPath（エデュパス）等）もあるので活用してみましょう。もちろんこれらは、一つの参考資料であり、この結果が全てというわけではありません。「自分はこの職業につきたいのに適職が異なっていました」という生徒がいますが、あくまで参考ということを伝えておきましょう。

　上記の検査により、ある程度自分の適性・適職がわかってきたところで「進路のしおり」（進路指導部が3年間の指導の流れや、卒業生のデータ・体験記

等をまとめたもの）を熟読させましょう。学校によって名称は若干異なるかもしれませんが、似たようなものがあるはずです。

その中には、同じような適性・適職で、同じような進路を選択した卒業生が必ずいるはずです。**実際に自身が通っている高校から、どのくらいその進路を歩んでいる先輩たちがいるのか確認させます**。

✦ | イレギュラーな進路を希望する生徒には早めに対応する

もしかしたら、同じ進路に進んだ卒業生がほとんどいないということもあるかもしれません（進学校から、大学に進まずに就職する場合等）。その場合は、担任や進路指導主事を中心に早めにその進路情報を集めるとよいでしょう。<u>その学校のノウハウだけでは対応できなくなる場合も考えられるからです</u>。

また、教員として相談を受けつつ、生徒自身でも情報を探しに行くことを勧めましょう。本やインターネットで探すのでも構いませんし、目指すロールモデルがいるのであれば、その方がどのような経緯でその職業についているのか調べられるとよいですね。１年生の段階では、自分はどういう適性があり、どういった方向に進みたいのかだけでも考えておけるとよいでしょう。

モデルがいる場合といない場合

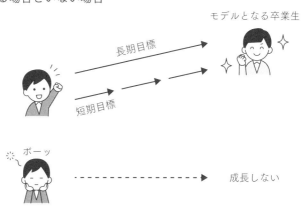

The first grade

#ICT

「職業調べ」を通じて学びを深める

　学校によっては、キャリア教育の一環として職業調べなどを実施することがあります。特に高校卒業後、就職や専門学校へ進む生徒の場合は、興味がある職業について早めに知っておくことはとても大事です。

✦ | 数ある職業からどのように絞り込むか？

　とはいえ、高校1年生の段階では、まだ将来つきたい職業が決まっていないことも多いでしょう。1年生での職業調べは仮で構わないことを伝え、具体的になりたい職業というよりも、「ちょっと気になる」くらいの職業でもよく、「まずはお試しで」くらいの温度感のほうがスムーズに進みます。

　職業について調べる際のポイントとしては、仕事の特徴や資格の有無などが基本となるでしょう。**資格の取得については、学歴の要件や専門学校に限る場合などもあるので、進学先の選択にも大きく関わります**。年収なども生徒が興味を持つポイントになるので、入口はそれでもよいかもしれません。

✦ | 職業人のインタビュー記事やSNSも活用する

　また、一般的な職業の知識だけでなく、さらに踏み込んで、実際にその仕事をしている人の声を知ることができるととてもよいです。その仕事の魅力が掲載されているインタビュー記事や、SNSアカウントなどを探したり、実際にその職業の人に話を聞いてみたりするのも有効です。実際にインタビューをしてみるのがベストですが、インターネットや専門雑誌・書籍・新聞などの第一線で活躍している人の**インタビュー記事を探したり、SNSアカウントを探してフォローしてみたりすることも職業調べとして活用できます**。

　インタビュー記事では、その人が仕事を通じて、どのようなことに価値を見出しているのかを知ることができます。職業につくことを目的とせずに、その

先の働き方などまで視野に入れることも可能です。単なる進路選択のための調べ学習で終わるのではなく、**その職業についた場合、どのような人生を送るのか、現在どのような人がどのような想いで働いているのか**、少しでもリアルに想像ができるように条件を設定して学習に臨むとよいでしょう。

✦｜調査の基本―アカデミックスキルを併せてレクチャー

1年生であれば、調べる際に書籍やインターネット記事などの活用方法、調査方法など、いわゆる**アカデミックスキルの基本や、プレゼンテーションのポイントなども併せてレクチャーできるとよいでしょう**。学校図書館と連携をとりながら、関係する書籍を紹介してもらうことも効果的です。テーマに迷ったら、図書館内の本を見回すだけでも、多くのヒントを得ることができます。

✦｜探究との連携やICTの活用で学びの相互作用が生まれる

また、進路指導と探究の時間を連携させて進めていくと、今後の学校生活にもプラスに働きます。このような機会を活用しながら、**探究活動の基礎を作ることで、その他の教科の活動にもつなげることができます**。ひとり一台端末の利点をうまく活用しながら、学習を進められるとよいでしょう。

発表の際には、中間報告を入れて、教員や生徒からのアドバイスをもらう機会もあると、さらに学びが深まります。さまざまな相互作用を生むことで、学びが一層充実するでしょう。学校の特色や授業時間数に応じて、カスタマイズしながら進めていきましょう。

一般社団法人全国高等学校PTA連合会・株式会社リクルート合同調査の結果によると、なりたい職業は上位から「教師」（10％）、「医師・歯科医師・獣医」（10％）、「看護師」（8％）、「公務員」（7％）、「エンジニア・プログラマー・IT関連」（6％）とのこと。なりたい職業を見つけている高校生にこそ、自分の「身近ではない」職業について知る機会を増やしたいな、と思っています。

The first grade

〈共通〉「将来の夢」は時間をかけて丁寧に引き出す

「あなたの将来の夢は何ですか」。これは難しい質問ですね。生徒にとっては高いレベルでの自己開示であり、自分の奥底にある思いは、簡単に開示できるものではありません。教員はどのように生徒から引き出し、またどのように扱えばよいのでしょうか。

|「将来の夢」が持ちにくく、開示しにくい現代の高校生

「将来の夢」は、幼年期には「電車の運転手」「魔法使い」などと話していても、成長するにつれて具体的に言及する機会が徐々に少なくなります。これは、社会認識が深まることや、発達段階に応じて自己開示することに恥ずかしさを覚えるなどのことからです。もちろん、生徒にはやってみたいことや、現代の社会について思うこと、自分の長所や短所などさまざまな考えを抱いていることでしょう。

特に現代の社会については、生徒は想像以上に、さまざまな課題があり決して楽観できる状況ではないことはよくわかっているのではないでしょうか。総合的な探究の時間や地歴公民などをとっても、現代社会には多くの課題があることを学習しているはずです。教員から「社会の現状は厳しく、これからも見通しは楽観的ではない。だからそれに耐えうるように学習を積み重ねなさい」などと言われながら、「将来の夢を持ちなさい」と言われても、生徒はどう考えたらよいのかわからないのではないでしょうか。

| 折に触れて少しずつ考え、自己と対話する時間を積み重ねる

まずは、いきなり「将来の夢」について考えるよりも、そうした「自分にはどんな長所があるか」「身の回りの社会をどのようにとらえているか」「高校卒業後にどんなことを学びたいか」「今、どんなことに喜びを感じるか」また、

「これまでどのようなことに喜び、嬉しさを感じてきたか」といったことを**折に触れながら、生徒が考える時間を持てるようにしたい**ですね。「将来の夢は何か」を考えていくためには、こうした積み重ねが大切ではないでしょうか。

　自己認識が少しずつ深まり、それについて対話が繰り返されたとき、「将来の夢」について自己との対話をする機会が巡ってくるかもしれません。時間がかかることです。

　一方で、「夢もないのに、進路を決められないのではないか」といった意見もあるでしょうが、**将来の夢は高校卒業後の進路を決める必須条件ではない**、と捉えることもできるのではないでしょうか。

✦ ｜ センシティブなものなので大切に扱う

　生徒の将来の夢に関して考えてもらう際、教員は生徒が考えたことについて、一覧にしたり、講評を全体の前で行ったりするということは、生徒との関係をよく見極めながら、慎重に進めるのがよいですね。

　生徒はあらゆる点で比較されています。テストなど同じ条件のもとで行われた一時的な診断については、比較があってもよいのかもしれませんが、生徒はそれぞれにさまざまな背景を持っています。また、**価値観に関わるようなことを開示するのに、抵抗がある生徒もいるはず**です。こうしたことを一覧にして配布したり、教室に掲示したりすることは熟慮が必要かもしれません。それだけ、生徒にとって「将来の夢」について問うのは、「将来、何者になるのか」という問いと同じであり、センシティブな性質のものであると思われます。**教員も生徒もこのテーマを慎重に、かつ大切に扱うべきだと言えるでしょう。**

The first grade　#ICT

〈共通〉「進学相談会」は事前・事後学習を丁寧に行う

　進学相談会は、進路指導部が主体となって体育館や教室など校内で実施する相談会と、教育系企業がホテルや公民館を借りて実施する相談会があります。オンラインで実施する相談会も増えてきました。いずれの場合も、生徒自身が自分の将来を考える機会になります。また、**進路選択をしていく上で必要な情報を収集したり、不安や疑問を解消したりするきっかけづくりにもなります**。生徒の進路希望の実態や地域性に考慮して進路行事として取り組むことが重要です。

１　校内の進学相談会は近隣の学校と連携を

　進路指導部が主体となって校内進学相談会を企画するときは、実施時期、対象とする学年によって進学相談会の目的を決めて、相談ブースを出展してもらいたい大学等をリストアップします。実施時期を４月から６月頃に設定すると、２年生の文理選択や夏休みにオープンキャンパスに参加するきっかけづくりになりますし、３年生であっても大学や専門学校等を選ぶ最終判断につなげることもできます。９月から11月であれば、１年生や２年生が対象になりますが、大学等でどのようなことが学べるか、ブースの担当者にインタビューする取り組みを組み込むと、主体的な学びにつなげることができ、生徒の進学するモチベーションを高めることが期待できます。

　しかし、高校単独で進学相談会を企画しても、特に遠方の大学はなかなか参加してもらえないことが多いです。そこで、**近隣の高校の進路指導部と連絡を取り合い、実施時期を重ねると遠方の大学も参加しやすくなります**。例えば、火曜日は自校の進学相談、水曜日はＢ高校、木曜日はＣ高校といったように、日程を調整します。参加する大学等が増えるほど、進路指導部の負担が大きくなりますが、生徒の視野を広げて選択肢を増やすことができます。

✦ | 事前学習と事後学習でモチベーションを維持する

　進学相談会を実施する上で最も重要なことは、事前学習と事後学習の時間を確保することです。事前・事後の学習がなければ、進学相談会はただのイベントで終わってしまい、生徒のモチベーションを高く維持することができません。そこで、例えば**事前学習では、相談会に出展する大学や短期大学、専門学校について、学べる内容や、卒業後の就職先などを調べる**ワークに取り組ませます。そして、**事後学習では実際に相談ブースでどのようなことを聞き取ったか、プレゼンテーションソフトでまとめ、ホームルーム内で発表会を実施**します。ロイロノートやGoogle Classroomを導入している学校であれば、生徒がまとめた資料を共有し、相互評価シートにコメントを付ける取り組みも考えられます。

✦ | 企業の進学相談会はタイミングが合えば案内する

　教育系企業が主催する進学相談会は、学校行事と照らし合わせてタイミングが合えば、進路指導部から担任を通して生徒に声掛けをするのがよいでしょう。他校の生徒も参加する進路イベントなので、校内進学相談会よりも刺激があり、進学意識を高める効果が高いですが、一過性に終わりやすいので、事前・事後の自主課題を進路指導部で用意するのが望ましいです。

進路相談会を近隣の高校と連携して企画する

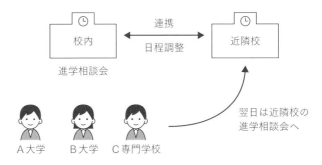

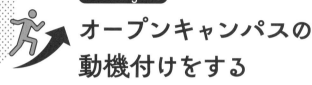

オープンキャンパスの動機付けをする

　オープンキャンパスは大学や短期大学、専門学校や大学校などで行われており、近年では4月から開催するところもあります。「高校入学後にすぐ次の進路について考えさせるのは…」という意見もあるかもしれません。一方で、文理選択や次年度の選択科目について、9月頃までには考えなければならない学校も多くあり、そのため、高校1、2年の総合的な探究の時間でオープンキャンパスの事前学習を設けている学校も見られます。

✦ | オープンキャンパスで文理選択の視点を得ることができる

　文理選択や科目選択を検討する際、現時点での自分の興味関心に基づいて選択することもあるでしょうし、卒業後にどのようなキャリアを描くかを考えて、家族や友人、教員と相談しながら決めることもあるかもしれません。文理選択するにあたり、自分で考えるだけでなく他の視点があると、考え方に幅を持たせることができ、より納得できる選択になります。<u>「他の視点」を持つための手段を生徒に提供することは大切です</u>。しかし、だからと言って「文理選択、科目選択があるからオープンキャンパスに必ず行きなさい」では、生徒は教員から押し付けられたものと感じるかもしれません。

✦ | オープンキャンパスを案内するタイミングが重要

　生徒が悩んで考えるタイミングを見計らい、定期考査前や学校行事の直前など余裕がない時期を避けてオープンキャンパスを案内し、生徒に関心を持たせたいですね。<u>どのように生徒にオープンキャンパスと出会わせ、経験してもらうかが重要</u>です。

　オープンキャンパスを生徒に案内する時期は、文理選択の説明を行うとき、探究学習でテーマ別のグループに分かれるとき、模擬試験を受けるとき、夏休

み前の面談のときなど、**生徒が考えやすい時期を選ぶことが大切**です。

✦ | オープンキャンパスの重要性を伝えて一緒に探す

次に、オープンキャンパスの探し方も大切です。進路関係のウェブサイトの案内や冊子の配布だけでなく、教員も生徒と一緒に探してみましょう。**どのような大学か、オープンキャンパスの時期はいつか、参加方法（事前予約や抽選などの場合があるため）、自宅からの時間や交通費、当日どこを見たらよいかなどのポイントを確認します**。こうしたプロセスを踏むことで、生徒はオープンキャンパスの重要性や参加までのプロセスが理解しやすくなり、オープンキャンパスに参加しようと思う気持ちが高まって行動に結びついていくのではないでしょうか。

✦ | 参加してどうだったかを共有する機会を作る

最後に、**オープンキャンパスに参加した生徒に、どう感じたのかをアウトプットする機会を作ってみましょう**。学年、クラスによって生徒の感じ方はさまざまです。生徒たちの声を聞くことで教員の指導方法も調整することができ、生徒同士も刺激を受け合えます。もし、オープンキャンパスに全く関心を示さない生徒がいても、強制することなく「待つ」勇気を持つことも大切ですね。

オープンキャンパスを案内するタイミング

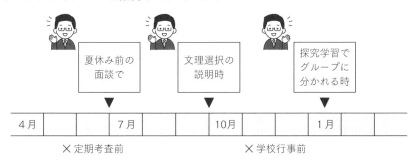

The first grade

#生徒指導

課外活動やボランティアを勧める

　近年はSNSの発達により、情報発信や収集がとても簡単にできるようになりました。課外活動やボランティアの領域も多岐に渡ります。自治体や教育委員会など公的機関が主催するイベントや勉強会があります。また、民間団体が主催する高校生向け・一般向けのもの、個人が主催する私的なイベントや交流会・勉強会など、オフライン・オンラインを問わずさまざまな課外活動の場が提供されています。

　高校生が課外活動に参加する意義は何でしょうか。

✦ | 学校の枠を超えて多くの人と出会い、視野を広げる

　学校の枠からその他の領域に越境し学ぶことで、得られるものはとても意義があります。**これらの活動の最大の魅力は、多くの人に出会えることです**。さまざまな視点を持っている人に出会うことで、広い視野を得ることができます。社会で何が起こっているのか、どのような想いの人が、どのような活動を通じ、何を実現したいのか。それらを現地で実際に感じることができるのは課外活動の大きなメリットです。

　なるべく活動だけでなく、活動を主催している人たちとも関わるように促すとよいでしょう。学校という枠組みを超えて学ぶ機会を得ることができれば、生徒は劇的に成長します。**この越境学習により得られた経験や自信は、教科書で学んだことと同様にとても価値があります**。

✦ | きっかけや入口はさまざまなところに

　入試に向けて、エピソードや、ネタ作りのために…という生徒もいるかもしれませんが、スタートはそれでよいと思います。そこから学びの裾野が広がっていく可能性が高いからです。現在は、総合的な探究の時間の調査や仮説検証

の一環で、課外活動に参加するケースも増えてきました。**探究学習の延長として、課外活動への参加を促していくことも自然な流れ**なのでおすすめです。

さまざまな課外活動の案内やボランティアの募集などを紹介するのが一番スムーズですが、生徒がSNSを活用して、**自分で探すように促してみるのもよいでしょう**。高校生であれば、さまざまな場所で面倒を見てもらえることも多いです。

さらにチャレンジできそうな生徒がいれば、小規模な読書会や勉強会などを開くなど、自分で場を作ることを促してもよいでしょう。興味の近い生徒たちをつなげて、切磋琢磨できる関係構築をアシストすると、スムーズに進みます。また、始め方がわからない生徒には、図書館の本を探したり、教員に聞いてみることから始めるように伝えるとよいでしょう。

✦ | トラブルには注意し、生徒の安全性を確保する

これらの経験は、なるべく早い時期に行うと高校生活の過ごし方が変わります。1年生のうちに参加を促すことができるととてもよいです。ただ、このような課外活動への参加に際して、主催団体が不明瞭なものなども存在しますし、トラブルが起こることもあります。生徒へのマナー指導も必要かもしれません。何かあったときのために、身の安全を守ることや、保護者と適切に連携をとることなど、生徒の安全を確保しながら進めましょう。

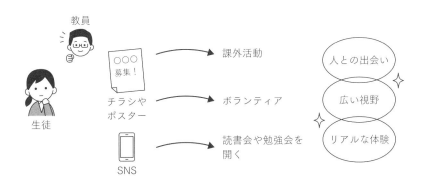

The first grade

#生徒指導

アルバイトから労働や職業について考えさせる

　学校のルールにもよりますが、1年生のうちからアルバイトを始める生徒も一定数存在します。アルバイトはワークルール（労働に関する法律）や職業などについて学ぶ絶好の機会であり、キャリア教育としても、とても意義のあるものです。

✦ | アルバイトのメリットとは

　アルバイトで働くことで、人件費などのお金の仕組みや商品管理のシステム、社員の実態・勤務体系、関係する企業や顧客の実態、商品のトレンドなど、**体験的に学ぶことができます**。内容によっては、経営者目線で物事を考えることもできます。

　アルバイト先の職業について知ることもできるため、比較対象として仕事調べに役立てることも可能です。これらは座学ではわからない実践的な学びとしてとても価値があります。

　さらに、**自分の志望する職業に近いアルバイトを選ぶ**ことができるととてもよいです。将来の自分を想像することもできますし、進路選択にも役立つでしょう。

✦ | ワークルールについて知っておく

　「ブラックバイト」という言葉が知られていますが、高校生は知識もなく、立場も弱い存在です。職場で理不尽に振り回されてしまうことも多々あります。**労働者の権利などについて学ぶことができると、将来にとってもプラスになります**。

　例えば、あまり知られていませんが、アルバイトでも半年以上、8割以上の勤務実績があれば有給を取得することができます。また「代わりを見つけない

と休んではならない」「問題が発生したことに対して罰金が科されて、アルバイト代から引かれた」などの事例もよく聞きます。これらは労働基準法や労働契約法で禁止されている行為です。

✦｜学校でワークルールの授業を導入する

　ワークルールについて学ぶ時間があるかどうかは、学校によって差があります。高校在学中に学ぶことで、アルバイトの経験にも活かせるので、どこかのタイミングで学ぶ機会を導入できるとよいでしょう。早い時期に実施できれば、アルバイト先でのトラブル防止にもなります。**プリントなどにまとめたものを渡すだけでも非常に効果が高い**です。

　このような事例を活用しながら、学校でも公民や家庭科の授業、その他の学ぶ機会などを作ることができると、生徒たちの働く意識をアップデートすることが可能です。

✦｜給与明細を教材にする

　お金の面では給与明細なども大事な教材となります。勤怠（どのくらい働いたのか）・支給（給料の額）・控除（引かれるお金）などの項目や、いわゆる税金の壁・社会保障の壁など、税金・社会保障・扶養の仕組みなど、社会を知る学びの宝庫と言っても過言ではありません。**自分自身のアルバイト代について家計簿をつけてみるのもとても有効です**。コスト意識も高まるでしょう。

　このような題材をもとに、お金についての知識（マネーリテラシー）を身に付けることも、生徒の自立、キャリアの醸成には必要な要素です。アルバイトは学校の管轄外ですが、進路や社会を学び考える機会として、うまく活用できるとよいでしょう。

The first grade　　　　　　　　　　　　　　　　　　　　#長期休業

初めての長期休業の過ごし方を伝える

　高校生になって初めての長期休業は夏休みです。高校生になったことで、新しい友達もでき行動範囲も広がるなど、ウキウキした気分になることは間違いないでしょう。友達と一緒にプールに行ったり、お祭りに行ったりと十分に楽しんでほしいと思っています。しかしながら、それだけでは本当に充実した夏休みを過ごしたとは言えません。

　進路を見通して、どのような夏休みの過ごし方がよいのかを考えます。

✦ | 長期休業中に１学期を振り返ることが大事

　夏休みにはさまざまな教科から課題が出ます。課題に取り組ませることはもちろんですが、生徒の１学期の学習に対しての取り組みや成績にも着目してください。１学期の積み残しを生徒は気が付いていない部分も多いので、教員のほうでサポートしていきましょう。**生徒が自分自身をしっかり振り返ってこそ、充実した夏休みと言える**でしょう。

　１年生からオープンキャンパスに参加することを進路指導部からの課題として出す学校もあります。早めに進路選択を意識し、学習にも力を入れてほしいというメッセージになるからです。

　各教科や進路の課題をこなしながら学習を振り返らせ、生徒自身が目標の進路に対して、学習が満足にできているのか確認させましょう。**そもそも学校の授業についていけているのか、振り返り方がわからないという生徒もいる**かもしれませんが、そのときには進路指導部の教員や担任が成績表やテストの結果等を見ながら、生徒が着実に振り返りできるようにリードしてあげましょう。

✦ | 夏休みが明ける前に積み残しを片付け、２学期の学習計画を

　また、勉強時間についてはどうでしょうか。初めての高校生活で、なかなか

思うように勉強時間がとれなかった生徒が多いかもしれません。**夏休み期間を上手に活用することで、2学期がスムーズに進むことを生徒に伝えましょう**。

　高校1年生は、新しい環境、新しい友人、新しい先生、新しい学習……と新しいことだらけで、何から手を付けたらよいかわからないかもしれません。日々の生活をこなすだけで精いっぱいという人もいるでしょう。

　だからこそ、**夏休みが明ける前に、準備や計画を練っておく**のです。ここを疎かにすると、1学期の積み残しも片付かず、2学期の新しい学習も中途半端になり、なかなか取り返すのが難しくなります。できる限り1学期に学んだことは、夏休みが明ける前には理解するように伝えましょう。そうすることが、未来の自分を助けることにつながるということを意識させるのです。

✦ | 理解できないことは教科担任に相談するように促す

　参考書を買ったり、予習をさせて学習の進度を進めたりしてほしいわけではありません。**生徒が学んだことを理解できている状態を作れればよい**のです。生徒自身で理解できないということであれば、友達に聞いたり、塾や予備校などに行ったりするのもよいのではないかとアドバイスします。

　ただ、実際に学校で教えているのは教科担任なので、まずはその教科担任に相談に行くように促しましょう。どんな意図があって今この単元をやっているのか、また2学期はどのように進むのか等が聞けるからです。夏休みに各教科担任の動静を確認して、生徒に勤務している日と不在の日を伝えるのもよいですね。

進路面談で生徒と保護者の意見が割れたとき

　生徒の進路に関する面談では、生徒を指導するのではなく「支援する」というスタンスを保つことが重要です。また、保護者と生徒との間で進路活動の意見が割れたときに、保護者の「常識」と今の「常識」が違っていることに気付くと、進路支援が円滑に進みやすくなります。

1990年代の高校生の進路状況

　かつては、生徒の進学先や就職先を教員が導く、いわゆる出口指導が主流でした。1990年代といえば、第2次ベビーブームの子どもたちが高校生になり、1992年の18歳人口が205万人とピークを迎え、そこから18歳人口が減少し始めた時期です。1992年の大学進学率は26.4％（およそ54万人）、就職する割合は33％（およそ68万人）でした。当時は、高校を卒業して現役で大学に進学する高校生よりも就職する高校生が多かったのです。しかし、バブル崩壊後の不景気で就職氷河期が始まりました。

2000年代の高校生の進路状況

　2000年になると18歳人口は151万人になりました。就職氷河期の真っただ中にあり、高校生が就職する割合は18.6％と減少し、代わって大学進学率は39.7％まで増加します。大学生でも希望する企業に就職することが難しく、少しでも就職に有利な大学へ進学させることが求められるようになりました。

　さらに、18歳人口の減少にもかかわらず大学定員は増え続け、2024年の18歳人口106万人に対して大学進学者は63万人まで増加し、およそ6割の高校生が大学に進学しています。高校卒業後の就職希望者は13万人で、大学進学が主流になったと言えます。このような時代背景から、多くの保護者の意識の中に「高校生の就職は厳しい」「まずは大学進学」というキーワードが残っているのです。

2020年のコロナ禍以降

　2020年のコロナ禍以降、オンライン会議システムの活用が急速に進みました。どこにいても相談できるようになり、面談や面接試験にも利用されるようになっています。少子化や労働人口の減少、AIの技術進化など社会情勢の変化と相ま

って、大学受験でも就職活動でも「主体性」「自分の言葉で説明する力」が重要になりました。

　こうした背景を踏まえると、生徒一人ひとりがどんな未来を目指しているのかを理解し、その意思を尊重することが、これまで以上に大切になっています。進路面談では、生徒の考えを引き出し、保護者とも円滑に意思疎通を図りながら、生徒の進路を支援するために、教員が「傾聴」の姿勢を持つことが欠かせません。

傾聴スキルを学ぶには

　進路面談で傾聴スキルを活かすため、教育委員会や社会福祉協議会、民間企業・団体などが主催する傾聴講座を受講してみるのも良い方法です。筆者は国家資格「キャリアコンサルタント」の養成講座を受講し、傾聴スキルや専門的なキャリアカウンセリングスキルを身に付けました。教員として必要な能力を磨くと同時に、資格取得もできて一石二鳥でした。金銭的・時間的コストをかけることで、より真剣に集中して学べるメリットがあります。

傾聴のポイント

　面談では、生徒が話しやすい雰囲気を作ることが重要です。具体的には、顔を相手に向けて適度にアイコンタクトを取り、前かがみでしっかり話を聞いている態度を示します。このとき、生徒がどのような考えや感情を抱いているかを確かめるために、言葉を繰り返したり要約したりする「受容的共感」を意識します。質問しながら、生徒が自分の考えを整理できるよう支援するのです。

　教員が生徒の話を丁寧に聞くことで、生徒は「自分の意見が尊重されている」と感じ、自らを表現しやすくなります。こうした姿勢が、進路について主体的に考える態度を育むきっかけとなり、生徒が自分の気持ちや希望を言語化する過程で、新たな視点やアイデアを得られる場合も少なくありません。

保護者と生徒の意見が割れたときは

　生徒の進路活動は自己実現に向かう大切な一歩です。保護者が同席する進路面談では、生徒がどのような思いで何を目指しているのか、保護者に自分の言葉で伝えられるよう、教員が生徒の話しやすい場を整えます。例えば、面談の前に「生徒の話をじっくり聞く」ことが最優先であると保護者に伝え、沈黙が

あっても、自分のペースで考えている時間だと説明しておくとよいでしょう。

　時には進路面談で、保護者と生徒の意見が一致しない場面に立ち合うこともあります。大切なのは、双方の立場を尊重し、相手を否定せずに話を聞く姿勢です。意見が割れたときは、その違いを整理し、「自分の力を伸ばしたい」「将来、自立した生活を送りたい」といった共通目標を見出すことで、双方の歩み寄りが促されます。

　最終的には、教員が中立的な立場を保ちながらも、生徒の進路活動にプラスとなるような保護者の意見を助言に取り込み、調整するとよいでしょう。

具体的なケース：保護者と生徒の対立

　筆者が担任をしていた高校3年生の生徒にも、保護者と大きく意見が異なるケースがありました。6月の進路面談で、その生徒は「地元の国公立大学に進学して経済学を学び、地元の経済を良くしたい」と話しました。しかし保護者は「家で勉強していないし、経済的にも厳しいから就職させる」と強く反対しました。4月の二者面談で生徒から熱意ある将来ビジョンを聞いていた私にとって、この対立は大きな課題でした。

　当時の就職状況を踏まえ、高校生が希望職種につくのが難しいこと、そして学生支援機構や他の奨学金を組み合わせれば家計の負担を軽減できることなどを保護者に説明しました。一方で生徒には「親に応援してもらうために、家庭での姿勢をどう変えれば良いか」を考え、実行するよう伝えました。

　この進路面談のあと、1か月ほど、生徒に家庭学習の進捗を毎週報告させ、受験生として自走できる力を養うよう支援しました。そして1か月後に保護者を再度招いて三者面談を行い、7月には保護者が条件付きで大学進学を認める結論に至りました。その条件は「入試まで勉強を継続し、センター試験でB判定以上を取る」ことでしたが、生徒は受け入れ、必ずクリアすると約束しました。

　実はこの面談の直前、私は保護者に電話連絡をし、本音を伺っていました。保護者は「この子は自分に甘いところがあって真剣になれない。でも本当は進学を応援したい。しかし家計が厳しく浪人や私立大学は難しい」と話してくださったのです。その言葉に深い愛情が感じられ、私自身も安心しました。

　生徒は1月のセンター試験でB判定。無事に志望大学に合格しました。

第 2 章

2年生

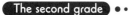

\#面談

年度初めの進路指導と年間の見通し

　2年生に進級するときに、クラス替えを実施する学校もあります。生徒同士の人間関係の変化や、新しい担任との関わり方で、ストレスを感じる生徒も少なくありません。4月に入り、面談を通して生徒が担任に悩みを相談しやすい信頼関係の醸成に努めることが大切です。

　2年生のような中だるみの学年での進路指導では、「進路を決めなければならない」という重圧がないことで、**自分の可能性を広げるチャレンジをしやすく、生徒の内面的な成長を促す絶好の機会ととらえる**こともできます。

✦ 1 文理選択はあくまでも「進路を考える一つの機会」ととらえる

　2年生では、文理選択をテーマに進路活動に取り組む学校が多いでしょう。ただ、**文系か理系か、実際に社会に出たときに明確に分けることが難しい仕事も多く、あくまで進路を考える一つの機会である**ことに注意が必要です。文理選択を通して、生徒に自分の得意なことを伸ばすのか、苦手なものを克服するのか考えさせること。また、文系の仕事、理系の仕事というカテゴライズされた仕事群の中から、仕事をしていく上で必要な学びが何か気付かせること。そのような選択が3年生の進路選択につながることを、担任との面談や学年集会での進路講話で生徒に伝える必要があります。

　また、総合的な探究の時間に、問いを立てて本格的に探究活動に取り組む学校が多いと思いますが、**探究で培った思考力やプレゼンテーション力は、3年生になったときの進路活動と直結します**。教務部や進路指導部で、探究学習の内容もキャリア教育の視点を含めながら計画します。

✦ 1 3か月に一度は二者面談を行う

　担任は、できれば3か月に一度、クラスの生徒全員と進路について二者面談

を実施できるように、4月のはじめに計画します。まずは学習状況と進路活動の成果を担任が生徒と一緒に確認しましょう。1年生のときに実施した**進路希望調査、定期考査や模擬試験などの学習記録を一覧表にまとめた資料を進路指導部が作成しておく**と、面談がスムーズになります。

この面談では、その時点での進路目標を話してもらうこと、人間関係で困っていることがあれば話してもらうようにすると良いでしょう。この二者面談でのポイントは、教員からの助言をできるだけ少なくすることです。**生徒が安心して内面を話せる場所、話せる先生だと感じられるように意識します。**

二者面談のとき、生徒の「別に……」「わからない」という言葉にも意味があります。目標が曖昧でうまく言葉にできないのかもしれません。選択肢が複数あって整理がついていないのかもしれません。担任をまだ信頼できずに、悩みを伝えたくないのかもしれません。生徒が沈黙する時間も、温かい気持ちで待つことです。ただ、面談時間も有限です。面談の終了時間になったときは、生徒が言葉にできないことを否定せず「今回の話の続きを、また次回に聞かせてね」と伝えます。

文理選択は成長のチャンス

The second grade　　#成績　#保護者

進路ガイダンスの仕方
〜大学進学に向けて2年生にすること〜

　大学進学する生徒の場合、2年生のうちに第1志望・第2志望を決めて、そこに向けての準備を進められるのが理想です。1年生の活動をさらに発展させ、もう少し踏み込んだ学習ができるとよいでしょう。いくつかおすすめの方法を紹介します。

✦ | 受験期を見越して、日頃の学習習慣をつけておく

　2年生になると模擬試験を受ける機会もあります。**模擬試験の志望大学などの判定はあまりよく出ないことが多い**ので、一喜一憂せずに自分の実力を振り返る機会にするとよいでしょう。

　よく2年生の3学期は「受験生ゼロ学期」と呼ばれます。3年生は進路に向けて勉強するのが当たり前の時期なので、それよりも前から基礎固めの時間を作ることが重要です。**2年生のうちに日頃の学習習慣を確立し、定期考査の勉強だけでなく、受験科目なども見越した学習ができるように促しましょう。**

　また、2年生のうちにオープンキャンパスに行くように指導する学校が多いと思います。このとき、**第1志望だけではなく、必ず複数校を比較するように伝えることが重要です。** 3年生は受験準備でバタバタする時期になるので、2年生のうちに目ぼしいところには、積極的に行くように促しましょう。大学によっては交通費の補助を用意しているところもあります。

✦ | 3年生の進路活動をシミュレーションしてみる

　3年生の進路決定のプロセスを先取りして、**志望理由書や過去問、受験プランなどを受験生になったつもりで、1年早く2年生に実施することも有効な手段**です。1年後に向けて、何が必要なのかを考える機会にすることもできるからです。

生徒によっては受験のことを意識して、塾や予備校での学習を中心にしてしまうなど、日頃の学校の授業をないがしろにする場合もあります。学力向上・興味関心の拡大のためには、授業こそ大事にすべきです。**体調管理なども含めて、日常を大事にすることを継続的に伝え続けるとよい**でしょう。

✦ | 同じ系統を志望する仲間をつくるように促す

進路活動に関しては、仲間作りを促すのも効果的です。特に一般選抜に向けて同じ系統を志望する仲間を見つけて情報交換をしたり、勉強を教え合うなど、**お互いに協力しながら切磋琢磨できる友人がひとりいるだけでも、本当に大きな力になります**。「受験は団体戦」とも言いますが、学年全体で進路意識を高められるとよいでしょう。

推薦型選抜を受ける場合は、探究学習のように、フィールドワークや研究課題などに取り組むことも大切です。推薦型選抜の場合も、過去問を見て傾向と対策を考え、丁寧な準備を進めていきます。一般選抜と同様に仲間を集めて情報収集や情報交換をしながら協力して進めていけると、関係構築にもなります。こちらも団体戦で進められるとよいですね。

✦ | 進路ガイダンスに進路指導主事に来てもらう

学年の進路担当がガイダンスを実施し、進路の概況を説明することが多いと思いますが、進路指導主事にも協力を依頼し、3年生を意識した話をしてもらうこともおすすめです。例えば、**推薦に関して欠席日数や評定平均の目安の確認、入学金などの金銭面の話、保護者と志望校などについて継続的に相談をすること**など、受験直前期になってのトラブルは避けるように、3年生に向けた準備ができる話をしてもらうとよいでしょう。

The second grade

進路ガイダンスの仕方
~模擬試験をどう活用するか~

#成績

2年生になると1年後の大学入学者選抜に向けて準備をするという意味合いが強くなる模擬試験ですが、主目的は1年生のときと変わりません。ただ、大きく異なる点もあります。

✦ | 2年生から変わる模擬試験の意味合い

2年生になってからの模擬試験の結果は、**志望校や文理選択をするときの判断材料になるものであり、将来の職業選択のきっかけにもつながる可能性がある**ことを意識させましょう。

また、1年生の模擬試験は国語・英語・数学の3教科の受験がほとんどですが、2年生の秋頃に行われる模擬試験からは、試験科目に情報や地歴、理科が入ってくるものもありますので、**これまで以上に複数の教科を同時に学習する必要がある**ことを説明しましょう。

✦ | 模擬試験をおろそかにする生徒には、先を見越したアドバイスを

模擬試験の回数が増えてくると、問題冊子や模範解答冊子だけでなく受験結果も増えてくるため、それらをうまく活用できない生徒も増えてきます。

特に2年生は、学校行事の中心となったり部活動で活躍したり、修学旅行があったりと学習以外の場面の忙しさもあり、ただ受ければいいと模擬試験をおろそかにする生徒も少なくありません。

生徒の状況を理解しつつ、**1年後の受験を意識した学習習慣を身に付けること、模擬試験の受験科目が増えるため計画的な学習が欠かせないこと、苦手な分野が克服されないまま3年生の受験期を迎えることを避けること**等、先を見越したアドバイスをしていく必要があるのです。

✦ | 自作の弱点対策問題集「模擬試験ノート」も効果的

　具体的には、模擬試験を受けた「後」に注目して学習習慣を意識づけるとよいでしょう。1年生の頃から問題冊子に自身の解答を書き写す習慣がついている生徒には、自己採点の精度が上がっているかを確認しましょう。

　さらに「模擬試験ノート」を作るのも学習を振り返る上で効果的です。**模擬試験で出題された問題を貼り付けたり書き写したりし、後でその部分を解答することができる、いわば「自作の弱点対策問題集」を作る**のです。

　未習部分の出題だから解答できなかったという場合も、模範解答と解説をその部分だけ切り取ってノートに貼っておけば、授業等で学習した後に問題を解くことができます。

　3年生になってから「以前の模擬試験で解いたことがあるような問題だけど、いつの何の模試だったかな」と思ったときに、すぐに確認することもできます。複数の情報を一つ（一冊）に集約しておくことは、さまざまなものに手をつけて混乱することを避けられますし、得たい情報を探しているうちに時間を消費することを防ぐことができます。

　実際の入学試験で似たような問題が出る場合もありますので、苦手な問題は繰り返し解くことを指導していきましょう。

✦ | 判定に惑わされず、本当に学びたいことを見極める

　志望校判定が現実味を帯びてくるため、E判定で落ち込む生徒もいます。しかし大切なのは、**今の段階の実力であること、弱点を克服する余地があることを認識すること**です。2年生の段階でA判定をとることが目的ではなく、自分が学びたい学問が学べる大学や学部を選んでいく中で、少しずつ軌道修正ができるように指導していきましょう。

The second grade

〈共通〉進路ガイダンスの仕方
～学部・学科・進学先調べのポイント～

　進学する場合、どのような進学先・学部・学科を選ぶのかは、とても大事です。もちろんそれぞれの生徒の価値観にもよりますが、在学中、選んだ内容をずっと学ぶことになるため、偏差値やイメージだけで選択してしまうと、自分の関心とマッチしなかった場合、学びに対して前向きになれないことも多くなるからです。

✦ | 安易な選択にならないよう、早いうちから調べて絞り込む

　学部・学科によって、**進学後の就職活動にも少なからず影響することもあるので、安易な選択はおすすめしません。**就職時に希望とは違う選択肢しかなく後悔したり、状況によっては途中で進路変更を余儀なくする場合もあるからです。学部・学科などをまず絞り込んで進学先を選ぶのがよいでしょう。

　そのためには、1・2年生のうちから調べる必要があります。3年生になって迷ってしまうと、必要な受験勉強にも身が入らなくなったり、受験科目を変更したりする場合もあります。**なるべく早いうちから学部・学科について調べておくようにしましょう。**

✦ | 教授の著作を調べるなどして、ミスマッチのないようにする

　また、学部・学科の名前も自由化され、多様となっています。生徒によっては、学部・学科の名前から受ける印象と、実際に学ぶ内容にズレが生じてしまい、ミスマッチとなってしまうこともあります。**学部・学科を選ぶ際には、実際にそこに勤務している教授などの専門領域や著作などが参考になります。**人によってはSNSなどで個人の研究やゼミ活動を発信している人もいます。表面的に調べるよりも、踏み込んでリアルな部分を知ることができ、入学後のミスマッチを防ぐことも可能です。

また進路に迷う場合は、**フィールドが他分野にわたる学問や学際領域などを扱っているところや、大学 2 年生などからコースが選択できる学部・学科を選ぶのことも一つの手段**です。興味のあるところを調べたり比較したりしながら、進路選択を考える機会にできるとよいでしょう。

✦ | 進学先を選ぶときには、建学の精神や設立背景も参考にする

進学先を選ぶ際には、建学の精神や設立背景などを参考にすることも有効です。例えば、私立大学では「GMARCH」や「関関同立」のように偏差値帯で大学がくくられることもあります。学力帯は近いかもしれませんが、設立の背景はそれぞれ違います。例えば、学習院大学はもともと華族の教育機関、明治大学はフランス流の法律学校など、建学の精神がそれぞれ異なります。これらの**大学の特色と自分の関心が近いものを選んだほうが、ミスマッチが発生する確率は下がります。**

総合大学として幅広い学部・学科があるところが増えていますが、その大学のアイデンティティーである**建学の精神や設立背景、得意分野や看板学部なども考慮して決定できる**とよいでしょう。

進学先選びは、先輩たちの進学実績などを参考にしたり、実際にオープンキャンパスに参加させたりし、安易な選択になっていないか適宜条件をつけて進めることも大事です。担任と進路指導部で連携しながら行うと、厚みのある進路調べにつながります。

偏差値帯によって私立大学をくくる言葉は、そのときの受験生の動向によって予備校などで若干の修正が入ることがあります。また、教員でも世代によって異なることがあります。「MARCH」に "G" が加わって「GMARCH」になったり、「早慶上智」に "理" が加わって「早慶上理」など。関東の「日東駒専」や関西の「産近甲龍」のように、その地域に住んでいないとピンとこないくくり方もあります。どの大学を表しているかわかりますか？

The second grade

進路ガイダンスの仕方
～資格取得（進学・就職）～

　資格については、進路先の出願条件等にふさわしい資格や検定が取得できているかを確認するためにも、年に1回は見直す必要があります。2年生になったら、まず1年生のときに挑戦した資格や検定を確認しましょう。通知表や内申書などの取得資格・検定等を記入する欄に合わせて整理します。

✦ | 上位資格にチャレンジ、あるいは再挑戦する

　学校の特定のフォーマットや個別のファイルを用意しておいたり、キャリア・パスポートに1年間で取得した資格や検定を記入する欄を設けておいたりすることで、生徒自身が確認できるだけでなく、担任が代わったとしても年度当初に把握することができます。

　この記入をもとに、2年生は、**合格・取得している資格や検定は上位資格を目指すこととし、不合格・未取得の場合は再挑戦することを目標とします。**

　上位資格を目指す場合、**筆記試験に加えて面接試験や実技試験等が課されることがあります。**

　いずれにしても、受験する資格や検定の実施要項を必ず確認するように伝え、特別な学習が必要な場合は、その学習スケジュールも立てさせましょう。

✦ | 学校全体で資格や検定を推奨している場合

　学校全体で資格や検定の取得を課している場合は、いつまでに何をすべきかを具体的に示すとよいでしょう。あなたがその専門でない場合は、専科の教員にコツを尋ねてもよいですし、資格や検定の取得体験記等から情報を収集し、生徒へ提供できるようにすると生徒の学習意欲も高まるでしょう。

　もちろん、生徒自身が専科の教員に質問に行ったり、自ら情報収集したりすることができる場合はそのほうがいいのですが、**生徒の中には資格や検定を取**

得することに必ずしも前向きな生徒ばかりではありません。教員が、教室掲示の情報を整理する名目で情報収集と情報提供、生徒への意識付けを行うとよいでしょう。

　なお、面接試験や実技試験等が課される場合は、学校でその対策をするのかどうかもあらかじめ確認しておきましょう。日程や参加条件なども併せて提示すると、生徒が自分で学習すべき部分と、学校を頼っていい部分を分けられるので学習計画を立てやすくなり、合格や取得につながるかもしれません。

✦ | 再度挑戦する場合は、苦手をいかに克服させるか

　1年生のときに取得ができなかった資格や検定に再度挑戦する場合は、過去問題集をあらためて解き直すだけでは不十分です。学習の中で、無意識のうちに学習を避けている分野があるかもしれません。学校で対策講座等を実施する場合は、なるべく全ての範囲を網羅するような講座内容とします。こうすることで、学習を避けている分野について生徒自身に気付かせ、学習を深めるように指導することができます。

　生徒が苦手分野を認識している場合は、早めに確認して克服できる手立てを考えさせましょう。わからないことを質問できない生徒もいますので、放課後の時間を利用して質問を受け付けるような体制を複数の教員で作ったり、自習できるような場所を提供したり、卒業生のチューター制度等を資格や検定取得の講座に転用したりしてみましょう。

英語の苦手意識を持っている生徒は少なくありません。筆者も高校生のときは英語が苦手でした。何かのきっかけがあれば、苦手でも「頑張ってみよう」と自分で勉強を始めます。筆者の場合は「先生の性格が面白い」でした。きっかけは生徒によって様々です。英検5級の合格が、そのきっかけの一つになった高校2年生がいました。小さな成功体験が苦手克服の最初の一歩です。

The second grade

課外活動やボランティアも進路に直結する

2年生では、自身の進路選択に関係する課外活動・ボランティアに参加を後押しできるとよいでしょう。実際、就職の面接試験などでは領域によっては実習経験や課外活動への参加の有無などについて聞かれることもあります。その他、教育団体・教育委員会主催のイベントや交流会などもおすすめです。

✦ | 事前の見学や実習経験を面接で重視する職場もある

例えば、保育園や病院などは、職場の特色や勤務形態などが異なることが多いため、**保育士や看護師を志望する場合は、その職場で実習したかどうかを重視する傾向があります**。3年生になる前に、いくつかの職場を見学・体験し、複数を比較しておくとベストです。

学校に届いている求人以外でも自治体や職場が独自に募集しているケースもあるのでチェックしてみるとよいでしょう。

✦ |「楽しかった」で終わらない工夫をする

実際に現地に行く際には、活動に関して事前に調査したり、そこで活動している人に、インタビューをさせてもらったりすることなども有効です。**課外活動に参加するだけで満足せずに、進路につながることを得てくることが重要**です。「楽しかった」だけで、何も得られないケースや、「何も考えてこなかった」などではもったいないです。なるべく学びを増やすように心がけましょう。

✦ | 受験や就職のためだけではないということを念押しする

2年生になると、志望する上級学校や就職先も次第に決まってきます。過去問の小論文・面接などで出題・質問される内容などを見て、傾向と対策を練り、そこから必要な課外活動を選定していくことも今後の戦略として必要です。

ただ、**受験のためだけでなく、その先の将来にとってもプラスになるように意識しながら課外活動に取り組むようにします**。目的を小さく設定してしまうと、得られるものも部分的になりがちです。

また、「受験のためだけに来た」という姿勢では、受け入れる人たちはいい気持ちがしません。受験のためでもあるけど、今後の将来のため、人生を学ぶための社会勉強としての活動であるという目的を忘れずに参加させましょう。

✦｜探究や教科の活動と組み合わせてモチベーションアップも

これらの活動は、モチベーションアップの効果もあるので、授業への取り組みや、ものの見方・考え方を飛躍的に高める可能性があります。ぜひ積極的にさまざまなフィールドへの越境学習を促すように進めていくとよいでしょう。

また、1年生と同様に、**総合的な探究の時間や、教科の活動とうまく組み合わせたり、フィールドワークの一環として、取り組んだりすることもおすすめ**です。志望する上級学校によっては、公開講座などが開催されたり、志望する就職先がフェアを開催していたり、地域のイベントに参加している場合などもあります。オープンキャンパスや職場見学のようなイメージで参加してみるのもよいでしょう。そこで、直接質問などができるとよいですし、作成できるのであれば生徒が名刺を作って先方と交換をして、ネットワークづくりをすることも有効な手段です。

行動したことは、必ず自分にプラスになって返ってきます。ぜひ生徒の後押しをしてあげてください。

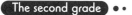

The second grade　　　　　　　　　　　　　　　#学校行事

〈共通〉インターンシップを効果的に実施する

　インターンシップ（就業体験活動）は、生徒が自らの将来の生き方や進路を模索するよい機会につながります。効果的に実施するためにはどのような工夫があるでしょうか。

✦ | インターンシップの意義とは

　インターンシップは１年生や２年生の進路行事として計画する場合もありますし、希望者を募って夏休みに実施する場合もあります。インターンシップの意義については「高等学校学習指導要領解説総則編（平成30年告示）」で述べられています。要するに、**生徒は授業等で学んでいることが将来の職業とどのような関連性があるのかインターンシップを通して実感し、学ぶことの意義や価値を再認識する機会を得ることができる**のです。

　インターンシップを効果的に実施するためには、次の３点に留意するとよいでしょう。

✦ | 計画的・系統的なキャリア教育の一環として位置付ける

　一つ目は、計画的・系統的なキャリア教育の一環として位置付けることです。インターンシップを単発イベントとしてではなく、**事前事後の学習や、教科横断的な学びを含めて、キャリア教育全体の一部として計画することが重要**です。生徒は就業体験を通じて自己理解を深め、進路探究やキャリアプランニングの能力を伸ばすことが期待できます。

　事前学習では、インターンシップの意義を伝えることだけではなく、**会釈、敬礼、最敬礼のような場面に応じた挨拶の練習や、電話のかけ方のようなビジネスマナーを学ぶ時間を作ります**。また、履歴書を作成し、擬似的な就職活動の体験を事前学習で取り入れることもあります。これらのトレーニングは専門

学校の出張講座を活用すると、より効果が高くなります。

　事後学習は、キャリア教育の全体計画と照らし合わせて内容を検討することになります。**どのような経験をできたのか振り返ることが最も重要**です。ワークシートに記入する方法や、業務報告書のようなテンプレートを用いる方法、プレゼンテーション資料を作成し、地域の方を招いた報告会を実施する方法等があります。

　また、協力していただいた事業所に、生徒が礼状を書くところまでを設計するとよいでしょう。就職希望者にとっては、高校３年生での就職活動の事前準備につながります。

✦｜さまざまな団体に相談し、幅広い受け入れ先を開拓する

　二つ目は、地域の実情や生徒の興味・関心を踏まえ、**企業だけでなく大学・大学院、行政機関、医療機関など幅広い受け入れ先を開拓すること**です。地域内の商工会議所や経済団体、ハローワークやジョブカフェに相談することで協力を得られやすくなる場合もあります。進学希望者が多い普通科高校では、大学等の専門機関での就業体験「アカデミック・インターンシップ」を検討するといいでしょう。

✦｜卒業生や地域の職業人に話を聞く

　三つ目は、**卒業生や地域の職業人と連携をすること**です。卒業生や地域の専門家とのインタビューや対話を組み合わせることで、生徒は具体的な職業観や社会観を養うことができます。**インターンシップを通して、地域に開かれた学校づくりにもつながります。**

The second grade
進路ガイダンスの仕方
～進路情報の集め方～

　２年生は、高校での立ち位置や自分の居場所もでき、あせることがない時期です。生徒にはこの時期にぜひ自分の進路について考えていく時間にしてほしいところです。進路指導部の教員を中心に、ある程度は進路活動の方向性が見えてくる時期ですが、生徒がその方向に進むために今何が必要なのか考えていきましょう。

✦ | 進路指導室や図書館で資料を集める

　　進路情報を知るための一つの方法は、「進路指導室」に通うことです（学校によっては、進路指導室とは別に「進路資料室」があったり「図書館」が代替していることもあるかもしれません）。進路指導室には、進学や就職、進路決定に関わる書籍や情報がたくさんあります。どのような情報があるのか生徒自身で確かめます。

　生徒は、「そんなの３年生になってからでいい」「進路指導室は３年生が行く場所」と思っているかもしれませんが、そんなことはありません。３年生になれば、進路決定においてやることがたくさんあり、それに向かって勉強する時間や準備の時間も多く確保しなければなりません。生徒にこのことを、教員から伝えることが必要です。また、３年生になって受験が近づくと、気持ちもあせってくることから、落ち着いて判断ができなくなることもあらかじめ話しておきたいところです。生徒と対話し、早めに準備させておくことが大切です。未来の自分のために今、行動しておくことがよいことを伝えましょう。

✦ | 校内の先輩から話を聞く

　２年生になると、学校行事や部活動等を通じて上の学年の先輩とも仲良くなってきます。１年生のときとは異なり、委員会や部活動等でも重要な役職につ

く生徒も増え、先輩と接する機会も多くなる生徒も多いでしょう。

　3年生は、目の前に進路選択や卒業が控えているので、「1年後の自分」のモデルとしてとらえることもできます。時期によっては、3年生の先輩が自分と同じ進路に進むことが確定したという報告を受けることもあるでしょう。その場合は、卒業までにその先輩と話してみることが一番大切です。**同じ高校から、同じ進路を目指して実際にその進路に進んだ先輩の言葉は、どの書籍よりも、どのSNSよりも価値のある情報ですし、再現性も高くなります。**

　全ての先輩の進路を把握している2年生は恐らくいません。生徒が進路指導部の教員に「○○に進んだ先輩の話を聞きたいのですが」と相談に来ればよいですが、話を聞きたい相手が、全く会ったことも話したこともない先輩の可能性もあります。そこで教員が間に入り、その先輩と話す機会を作ってあげましょう。

　身近な先輩の成功体験の話は、何にも勝る金言です。生徒には、必ず先輩に聞きたいことを事前にまとめておくように伝えましょう。先輩も進路先の準備でなかなかすぐに会えないかもしれません。この機会を生かして聞きたいことを全て聞いてしまうのです。生徒の進路実現を確実にするために、教員がリードしつつ、その生徒に勇気を出させて一歩前に進ませましょう。

　インターネットはとても便利です。生徒も教員もインターネットさえあれば、効率的に進路情報を集めることができるようになりました。しかし、いろいろな高校での進路指導主事経験から、「進路情報は足で稼ぐもの」と実感しています。実際にキャンパスを訪問すると、学生の醸し出す空気や、学食など学生の日常を味わえます。入試広報担当者からは、あまり公表していないここだけの話を伺うこともできます。地元企業の人事担当者と話すことで、本当に必要としている人材のことや地域経済の実情を教えてもらえます。そのような足で稼いだ「生」の情報を生徒に還元したいですね。

The second grade

オープンキャンパスの
メリット・デメリット

　２年生では、模擬試験で志望校判定が出たり、進路希望調査を踏まえた面談がより深みを増していったりします。高校生活真っただ中で「将来のことは、まだ…」といった生徒も多いですが、中には友人や家族と進路について話し、周りの友人が進路について考えていることを知り、将来と真剣に向き合う生徒も出てくるでしょう。

　本人の意識が変わると、ふだんの姿勢や学習にも表れ、「思い」や「願い」が教員にも伝わってくることがあります。そうした生徒に対して、教員ができるサポートの一つが、進路を一緒に考えることではないでしょうか。

✦ 新しい景色が見られるオープンキャンパス

　多くの学校では、２年生から文系、理系に分かれたり、新たな科目を選択したりします。「何となく物理を活かした職につきたい」「地理を大学でもっと深めたい」など、現時点でわかる範囲の考えを拡張させようとしていく様子がうかがえます。

　それをより拡張するためには、**家族や教員、友人以外の考えや言葉、目にしたことない景色が効果的な場合があります**。近くで見ている教員が、環境によって生徒に変化がありそうなとき、もう一押しあれば自分で殻を破りそうだと感じたとき、ぜひ、オープンキャンパスを活用して、進路の可能性を広げるサポートをしてみてください。

✦ オープンキャンパス参加の留意点

　ただ、留意しておきたい点がいくつかあります。まず、**国公立大学は私立大学と比べてオープンキャンパスの時期や回数が限定的で、前もって予約したり、抽選に応募したりしなければなりません**（タイミングが合わなくても、外部の

66

会場で行われている合同説明会に担当者が来る場合もあるので、しっかりチェックしておく必要があります）。

　次に、大学や短期大学、専門学校などでは、説明会に来場し、名前を登録すると、推薦型選抜に有利になる場合があります。２年生になると進路をあせって考える生徒も出てきます。そうした生徒の中には、学びたいことや、やりたいこととその進路先が合致しているかをよく考えずに**「推薦型選抜に有利になる」とオープンキャンパスで聞いてきて、志望校を決めてしまうことがあります**。こうした安易な選択は避けたほうがよいでしょう。

✦ ｜ 教員自身が進路先の知識を深めておく

　このようなことを防ぐために、**近隣地域にはどのような大学や短期大学、専門学校などがあり、どのようなことを学ぶことができるか、オープンキャンパスの日程や内容はどうなっているのか、卒業後の進路はどのようなものかなど、教員もおおよそのことを知るように努めたいところです。**

　例えば、美術史を専攻希望する生徒がいた場合、歴史に関係する学部学科を探すかもしれませんが、哲学系の学部学科に研究者がいるといったことがあります。いわゆる合格偏差値帯が高くない大学や短期大学であっても、就職指導を丁寧に行い、就職後のフォローも行っている場合もあります。

　いずれにしても、ふだんから生徒の変化の兆しにアンテナを張りながら、生徒といろいろ話をする中で、知識、考えを深めていきたいですね。

> 教員が生徒に語る大学生活のイメージは、おそらく自分自身が過ごした大学生活がベースになっているのではないかと思います。筆者は教員養成系ではない大学に通っていましたので、教職課程の単位を取るのは辛く大変でした。オープンキャンパスに生徒と一緒に参加して、今は、模擬授業や教員採用試験対策などの手厚い支援があることを知り、教職課程のイメージが変わりました。

The second grade　#ICT

〈共通〉自身のロールモデルになりそうな人に会いに行く

　進路を考えていく上で、「自分はどのような職業につきたいのか」、また「そのためにはどのような資格や経験が必要なのか」を知る必要があります。職業によっては、その職業につける道がいくつかしかなかったり、逆にたくさんの道が用意されていたりとさまざまでしょう。

　また、**自分は何を職業として生きていくのかということと、どのような人生を歩んでいきたいのかを同時に考えていく必要があります。**もちろん、あくまでも未来の人生設計なので変化することはありますが、現段階の自分の進路を考えることは必要です。ここでは、ロールモデル（なりたい自分に近い存在、なりたい自分を想像できる存在）の見つけ方について紹介します。

✦ | ロールモデルになりそうな人を探す

　既存の職業であれば、必ずその職業をしながら生活している人はいるわけです。SNSやインターネットが普及している現代で、自分がなりたい職業をしている人を探すことはそこまで難しいことではないでしょう。もしかしたら、ネットで探さなくても、身近にそのような方がいれば、お話を聞いてもよいかもしれません。

　特に、**同じ高校の卒業生や、親戚にそういう方がいれば、情報を聞きやすいはずです。**高校の卒業生であれば、「自分の通っていた高校の後輩が頼ってきている」となれば、非常に嬉しい気持ちになりますし、いろいろ教えてあげようとも思うはずです。

✦ | 実際に職業に携わっている人に会いに行く

　一番重要なのは、実際にその職業に携わっている人に会いに行くということです。確かに、本やインターネットを使えば、職業についてのさまざまな情報

が手に入ります。電話やメールを駆使すれば、さらにたくさんの情報を得ることはできます。

しかしながら、それらの情報は表に出ることを意識した情報であり、いろいろな側面があるうちの一面にしか過ぎません。その一面だけを鵜呑みにして、進路選択をすれば「こんなはずじゃなかった」となるのは当たり前です。そうならないようにするためにも、**その職業に携わっている人が働いている場所に実際に足を運んで、直接お話を聞く**ようにすすめましょう。

✦ | 数名に話を聞き、ロールモデルを絞り込む

会いに行く際は、できれば複数の人に会いに行ったほうがよいでしょう。**同じ職業に携わっている人でも、その職業についての感じ方はそれぞれ**ですし、同じ職業でありながらその働き方や内容が異なっていることもあります。比較することで、自分自身の中で「この人みたいに働きたい」と思える人が出てきます。

そういう方が見つかったら、高校生から今の職業になるまでの経緯を聞き、自身のロールモデルとしていくのです。もちろん話を聞いて「ここは違うな」という部分もあるかもしれません。その部分については、生徒が自分の中でカスタマイズしながら、自分の人生を考えつつ、進路に向かって歩んでいくとよいでしょう。

「〜したらいいよ」と生徒にアドバイスをするときに、あなたの経験を踏まえることで説得力が増します。筆者は教員人生を歩み始めるとき、また、教員人生としての転機を迎えたとき、ロールモデルとなった先輩教員に相談しました。教員人生をどのように送るのか、非常に参考になり、今に至っています。実は、この先輩教員とは、高校生の時の担任です。ロールモデルになる「大人」との出会いは、その後の人生の糧になったと実感しています。

The second grade

進路ガイダンスの仕方
～2年生の夏休みをどう過ごすか～

#長期休業

　2年生の夏休みは、自分の進路を明確に考え始める時期になります。「3年生になったら、就職にしても、進学にしても忙しくなるから、今のうちに思い切り遊んでおこう」と考えて、実際にそのような行動に出る生徒が多いかもしれません。しかしながら、長い休みを全部遊びに使ってしまうのは、非常にもったいないです。<u>来年は忙しくなるからこそ、その前にやれることはやっておく</u>のです。

　休業中の課題や、1学期の積み残しがある生徒にはきちんと振り返りをさせましょう。それ以外に夏休みをどのように過ごせばよいでしょうか。

✦ 1 進学希望者は夏休みこう過ごす

　進学希望者であれば、大学・専門学校等の見学や学部調べをし、将来なりたい自分を想像するように促します。3年生になったら、目の前の受験に向かって勉強しなければならないので、将来の自分や職業等に想いを馳せている時間はありませんし、その時間さえも勉強したいと考えるはずです。

　だからこそ、2年生のうちに、<u>「自分はどこの大学や専門学校等を目指していくのか」「自分は何の職業につきたいのか」を明確にすることが大切</u>なのです。土台さえしっかりしていれば、3年生になって大きく揺らぐことはなく、勉強に専念できます。

　また、<u>この時期に同じ目標を持った仲間を作る</u>のもよいことです。勉強を続けていく中で、思ったように成績が伸びず落ち込んだりする時期も必ずやってきます。そのようなときに支え合う仲間がいると一緒に乗り越えられます。

✦ 1 就職希望者は夏休みこう過ごす

　では就職希望者はどうでしょうか。就職を目指す生徒も同様ですが、自分が

なりたい職業やどの分野で働きたいか等、しっかり考えておくことが重要です。職業や分野は多岐にわたります。**例えば、飲食業で働きたいのか、サービス業で働きたいのか具体的に絞り込んでいるのが望ましい**です。3年生の夏頃になって「自分は何の分野で就職しようかな」と考えているようでは遅いのです。

本でも、知人でもインターネットでも、時間のあるときに情報を集め、就職活動の意識を高めておくことをおすすめします。実際にその業界でアルバイトをしてみるというのも、非常に効果的です。

頭であれこれ考えているよりも、**実際に自分からその世界に入り込むことで見えてくるものも多い**です。時間の許す限り挑戦させましょう。

✦ | 自由な時間がある夏休みだからこそできることを

そして、進学・就職の生徒どちらにも通じる話ですが、「夏休み明けからやればいいや」という考えはやめさせたいですね。なぜならば、夏休み明けに授業が始まれば、時間割は決められていますし部活動がある生徒もいます。日常生活の中で、自由に行動できる時間は本当に少ないのです。

だからこそ、夏休みは、考えたり、調べたり、遠出をして進路選択に関わりがありそうな人に会いに行くなどのチャンスなのです。ここでやるかやらないかで、今後の進路活動にも大きく影響しかねないと伝えましょう。

高校2年生の夏休みの過ごし方

- ☑ 大学等を見学する
- ☑ 専門学校を見学する
- ☑ 学部調べ
- ☑ 仲間づくり

- ☑ 具体的に業界を絞る
- ☑ 就職活動について調べる
- ☑ 希望する業界でアルバイトする

進学希望者

就職希望者

The second grade

進路ガイダンスの仕方
～文理選択について～

　それぞれの学校の教育課程によって時期や学年は異なりますが、ほとんどの学校では「文理選択」をする時期があります。生徒には今後の進路を考える上で文理選択は慎重にさせたいところです。

✦ | 文理選択は進路や職業にもつながっている

　特に大学進学を希望する場合、この文理選択や科目選択によって受験できる大学や学類・学部・学科に制限が出ることがあります。**ガイダンスの際は、文理選択によって選択科目や次の年度のクラスに影響があるだけでなく、大学の入学試験や、大学入学後の学習、将来の職業選択などにも大きな影響を及ぼすことを説明する必要があります。**

　各教科担当者から科目の説明をしてもらうことも大切ですが、それ以上に、この先の生徒の進路や職業にも影響することを説明し、その意識付けをすることが重要です。

✦ | 興味がある学問を見つけ、それを学べる大学を探して絞り込む

　一般的な学問の種類として、文系は文学・法学・経済学・教育学・社会学・外国語学など、理系は理学・工学・医学・歯学・薬学・農学・獣医学などがありますが、文理の区別のない文理融合の学問として、情報学、国際学、観光学、人間科学、福祉学などもあります。

　それぞれの学問の特徴について知りたいときは書籍にあたるのがよいでしょう。学べる大学や学類・学部・学科を探すには、**各出版社が高校に無料提供している情報誌や冊子で調べたり、模擬試験の受験コード等から全国の大学を俯瞰して見て、気になった大学を探したりすることもできます。**

　インターネットでは、なりたい職業／興味のある学問や研究／地域／学問の

系統などの複数の項目から大学を検索することができたり、キーワードを入れると大学名が表示されたりするサイトがあります。これらを活用しながら、何を学びたいのかを少しずつ絞り込んでいくことから始めましょう。

✦｜志望校を決めて、入試に必要な科目を調べる

志望校が決まったら、入学試験に必要な科目を調べ、その科目が学べるコースを選択します。

つまり文理選択の指導のコツは、**①学びたいこと・学んでみたいことか、②将来の希望する職業に必要なことを学べるか、③志望校の入試科目と科目選択が合っているか**、の３点を軸に選択しているか確認することです。この３つのポイントが全て揃っている必要はなく、どれか一つだけでもいいので、生徒自身に意思決定をさせましょう。

なお、志望校が決まらずなかなか文理選択ができない生徒もいます。その際は、受験科目のイメージを持たせるとよいでしょう。国公立大学の場合、大学入学共通テストは７教科９科目（外国語、国語、数学ⅠA、数学ⅡBC、地歴・公民、理科、情報Ⅰ）で地歴・公民から２科目、理科から２科目を選択します。二次試験は文系・理系では試験科目が異なります。

また私立大学の場合、文系・理系とも３教科で受験できるところが多いですが、文系の場合、大学や学部によって政治・経済や地理、数学で受験ができなかったり、理系の場合、理科から２科目を受験する際に科目が指定されていたりすることなどがありますので、下調べをさせるとよいでしょう。

文理選択は人生を決めるきっかけの一つになります。しかし、それが絶対的なものではない、ということを教員は留意する必要があります。VUCA時代を生きるために必要な「さまざまな知識」と出会う機会が何よりも重要になるからです。学びに近道はないんだよな、と今は思います。

The second grade

\# 面談

総合型選抜・学校推薦型選抜の準備

　高校２年生の秋頃になると、進路先が明確になってきた生徒もいれば、まだ漠然としていて進路を決められない生徒もいます。明確な意思を持っていない場合、指導も難しくなってきます。まずは、自分の進路について徐々に絞り込んでいくことを優先して働きかけましょう。

　ここでは、総合型選抜や学校推薦型選抜（いわゆる年内入試）での進学を視野に入れる場合についてお伝えします。

✦｜出欠状況が推薦に影響をすることを伝えておく

　この時期、まだ生徒の気持ちが揺れ動いている状況であったとしても、日々の学校生活に目的や目標を持って取り組むことが大切です。**総合型選抜・学校推薦型選抜では、特に欠席や早退といった出欠に関係することが重要になります**。体調管理に気を配り、睡眠時間や食事をきちんととるなど、十分気をつけて生活するようにと伝えましょう。

　毎日の学校生活を大切にすることを踏まえつつ、まずは志望理由について準備するように促します。

✦｜目標を明確にして志望理由の準備を始める

　総合型選抜・学校推薦型選抜で、必ず志望理由を尋ねられます。そのため、志望理由についてまずはじっくりとまとめていくことが必要です。**何を学びたいか、どのような目標を達成したいのか、明確にさせる**よう、面談を通して生徒に強く伝えたいところです。

　また、できれば検定試験や資格取得に挑戦を促すこともおすすめします。進学後にも役立つ資格も多くあるため、取得することの意義を明確に示すことで、取りかかりやすくなります。担任は、生徒それぞれの進路先について把握する

74

ことに苦労しますが、資格取得の準備をクラス全体に呼びかけることで、一斉指導の中でもサポートすることができます。

✦ ｜早めの準備と一般選抜への備え

　総合型選抜・学校推薦型選抜では、早めの準備が大切です。２年生のうちから計画的に取り組むことで気持ちの余裕も生まれてきます。

　また、それぞれの入試において受験するにあたっては、**万が一の場合を考えて、一般選抜での受験となる心構えも必要**です。受験に「必ず」という言葉はありません。試験本番までの限られた時間を有効に使い、効率的な学習が大切です。進学先を選択したときから、入試はすでに始まっています。２年生からの早め早めの決断により、その後の取り組み方が大きく変化しますので、**総合型・学校推薦型選抜の準備だけでなく、一般選抜への準備も一緒にスタートさせる**ことを提案します。

年内入試を受ける場合の心構え

| ☑ 出欠が大きく影響するため体調管理に気をつけよう
☑ 志望する理由についてじっくり考えよう
☑ 資格にチャレンジしよう | | ☑ 一般選抜になる場合もあるので心構えをする |

#ICT

〈共通〉自分が考えたり調べたりしたものをポートフォリオにする

「ポートフォリオ」とは「作品集」という意味ですが、教育分野では学習成果をまとめたものとして一般化してきました。キャリア教育を切れ目なく実施する上で、学習成果を整理し、活用していくことはとても重要です。

✦ | 学校生活の活動記録全てが成果物になる

生徒の特性や個性は、さまざまな成果物に出てきます。**進路講演会などの行事のメモや振り返り、体育祭や文化祭などの学校行事の学びの記録、探究学習や進路学習の記録などの成果物**は自己理解のために活用することができます。

学校生活は一つの大きな体験活動でもあるので、学校の記録などはきちんと蓄積しておくことが大事です。**集団生活の中での振る舞いや、担ったポジション、そこで思考したことなどは、とても重要な経験**です。これらの学習成果や振り返りの記録は、ファイルや冊子などを活用して、3年間を1冊にまとめて記録しておくとよいでしょう。

自治体によっては、データ上で小学校からの記録を継続的に管理するシステムもあるかもしれません。そのようなものを活用するのも有効な手段です。探究学習や進路活動、それぞれの教科での学びの記録も大切な資料です。**何について、どうやって調べたのか、どんなフィードバックをもらったのか**など、自身の学びの特性を理解する上で非常に良い資料になります。

✦ | 今後を決めたり、自分自身を語ったりする場面で効力を発揮する

記録を書く際には、「忖度して書かないように」と伝えることが重要です。このような感想の類では、生徒は道徳的で、きれいに整った文章を書く傾向があります。もちろんそれにも価値はありますが、ポートフォリオでは、**自分自身がリアルに感じたことを記録していくことに大きな意味があります**。ポート

フォリオの意義や活用方法を継続的に伝えながら進めていけるとよいでしょう。

　これらの資料は、**主に自分の今後を決めたり、自分自身を語ったりする必要がある場面で、最大の効力を発揮します**。進路選択のヒントや、面接の際のエピソードなどが代表的な活用の場面でしょう。これらの記録を振り返って、自分の関心・興味、特性などを整理していくことで、気付きを得ることも可能です。なるべく小さなことでも構わないので記録をしておくとよいでしょう。

✦ | 学校生活以外もメモしておくとポートフォリオになる

　また、そもそも学びとは授業の場面だけでなく、学校以外の日常生活などの中でも生まれるものです。**SNSやスマートフォンの写真フォルダなども日常生活のポートフォリオとして活用することができます**。どのような人をフォローしているのか、どんな投稿をしているのかなどからも、自分自身の関心・興味などを考える材料にもなります。**スマートフォンのメモ機能などを活用して日々感じたことを日記のようにメモしておくことも有効**です。

　自分の行動や選択には多くのヒントがあります。テストや模擬試験などの勉強の成果だけでなく、広く学びをとらえて、自身の行動に価値があることを伝えることも、教員の大事な役割です。これらの活動を通じて、生徒たちの学習観をより豊かなものにできるとよいでしょう。

活動の記録を集めてポートフォリオを作る

進路実現とお金の問題

　生徒が進路選択の際に悩む大きな問題のひとつに「お金の問題」があります。大学や専門学校などへの進学には学費や生活費がかかり、一方で就職すれば収入を得ることができます。しかし、就職してから学び直しをすることも可能ですし、奨学金や教育ローンなどを活用することで進学時の金銭的ハードルを下げる手段もあります。

進学にかかる費用の現実

　大学進学を例に考えてみると、国公立大学の場合は入学金や授業料が比較的安価で、入学金は約30万円、年間の授業料は約54万円です。一方、私立大学では文系と理系で違いはあるものの、年間の授業料は100万円前後、入学金や施設設備費などを含めると初年度に必要な金額が150万円を超える場合も珍しくありません。さらに、実家から通えない学生は住居費や生活費が必要になります。

　大学進学には相応の費用がかかるため、家庭によっては進学を諦めざるを得ないと感じるケースもありますが、奨学金や教育ローンなどを上手に活用することで、一定の学費をまかなえる可能性があります。経済的理由で進学をためらっている生徒やその保護者に、まずはこれらの制度を正しく理解し、活用を検討するように、進路指導部からも伝えたいところです。

奨学金について

　奨学金は、経済的な理由で修学が困難な学生を支援するための制度です。各種団体や自治体・企業が提供するものもありますが、多くの生徒が利用する代表的なものにJASSO（日本学生支援機構）の奨学金が挙げられます。JASSOの奨学金は、大きく分けて「第一種奨学金（無利子）」と「第二種奨学金（有利子）」、そして「給付型奨学金（返還不要）」という形態に分かれます。

　高校３年生の５月以降に奨学金の予約採用に申し込みをして採用候補者に決定されると、進学後に奨学金を得ることができます。JASSOの奨学金は、大学や専門学校を卒業後に返済が始まります。返済は学生本人になるため、返済計画を高校生のうちにイメージしておくように、あらかじめ伝えることが大切です。筆者の場合は、大学と大学院で奨学金を受けましたが、返済総額が400万円以上

になりました。

① 第一種奨学金（無利子）

　第一種奨学金は利子がつかず、大学・短期大学・専門学校などへの進学に必要な資金を貸与してもらえます。ただし、成績要件が比較的厳しく、高校在学時の評定平均や一定の所得制限などの条件を満たす必要があります。

② 第二種奨学金（有利子）

　第二種奨学金は有利子で、金利は上限3％（在学中は利息が猶予される）となっています。第一種よりも成績要件がやや緩やかで、貸与可能な金額も複数の選択肢から選ぶことができ、学費や生活費など個々の事情に応じて柔軟に利用できます。

③ 給付型奨学金（返還不要）

　2020年から高等教育の修学支援新制度がスタートしました。これは国の高等教育無償化政策の一つで、授業料・入学金の免除または減額（授業料等減免）と給付型奨学金の支給の二つの支援により、大学や専門学校等への進学を国が後押しするものです。支援の対象者は、世帯収入や資産の要件を満たしていることで、かつ進学先で学ぶ意欲がある学生であることの二つの要件を満たす学生全員です。給付型奨学金は返さなくてもよいため学生にとって大きなメリットがありますが、進学先で成績が下位になると支援が外れる可能性があるため、条件をしっかりと確認することが大切です。

国の教育ローンとは

　奨学金制度と並んで利用されることが多いのが、国の教育ローンです。日本政策金融公庫が取り扱う「教育一般貸付（国の教育ローン）」は、大学等の入学時や在学中にかかる費用を低金利で借りられる制度です。世帯年収などの条件を満たせば、子ども一人あたり350万円（一定の要件を満たす場合は450万円）を上限として借り入れることができます。

　この教育ローンは、奨学金と比べると金利が低めに設定されているものの、保護者が返済する借金であることには変わりありません。

　総合型選抜や学校推薦型選抜のように、いわゆる年内入試で合格すると、入学手続きの締切も原則年内になるため、少なくとも入学金を高校3年生の12月までに納めなければなりません。JASSOの予約奨学生になっていたとしても、

奨学金は進学後の4月以降に振り込まれます。そのため、年内入試で合格した
ときに入学手続きまでに入学金を準備できない家庭から相談を受けることがあ
ります。間に合うかどうか難しい局面もありますが、この場合、国の教育ロー
ンを検討してはどうかと提案しています。

進学が良いのか、就職が良いのか

　労働人口の減少と少子化が進み、多くの業種で高卒求人が増えています。採
用条件が良くなり、福利厚生も充実している中小企業が多くなりました。

　資格を取得するために大学や専門学校に進学する場合もあると思いますが、
大学等を卒業することが必ずしも就職に有利になるとは限らないケースも見ら
れるようになりました。また、経済的事情から就職するというケースも、前述
した国の高等教育の修学支援新制度がスタートし、進学を視野に入れることが
できるようになりました。

　そこで進学か就職か、生徒に考えさせる上で重要なのは「将来どんなキャリ
アを積みたいのか」という点です。専門知識や資格が必須となる職業（医療、
教育職など）を目指すのであれば、大学や専門学校等で学ぶことがほぼ前提と
なります。一方で、実務経験が重視されるような分野では、就職して現場で経
験を積みながら必要な資格を取得するという道もあります。企業によっては、
自動車免許や業務に必要な資格の費用を企業が全額負担するところもあるため、
就職を優先するメリットは大いにあると思います。

　進学すると、学費だけでなく、学ぶ期間という「時間」の投資も必要です。
大学に4年間通う場合、その間はまとまった収入を得にくく、就職できる時期
も遅れます。逆に就職すれば、早くから社会経験を積むことができ、収入を得
ながらキャリアアップを図ることも可能です。もちろん大学に通うことで専門
知識が深まり、人脈も広がります。将来的には初任給や昇進のスピードが上が
る可能性がありますが、それが絶対ではありません。希望する業界の採用動向
やキャリアアップの仕組みをよく調べた上で検討するといいでしょう。

　近年は「学び直し」という言葉が注目を集めています。就職後に仕事を続け
ながら、通信制大学や夜間大学院などで学位を取得するケースも少なくありま
せん。高校卒業時点での進学・就職の選択が将来を決定づけるわけではなく、
ライフプランに合わせて進路を柔軟に変えることが可能な時代になっています。

第3章

3年生

The third grade　＃保護者

進路指導計画はキャリア教育の視点で

　高校３年生の進路指導を計画するときは、保護者や地域からの期待に応えつつ、今の生徒の実態を丁寧に分析することが大切です。特に地域に根ざした学校であるほど、地域の方々からインターンシップの受け入れなど進路活動への支援をいただきやすく、年度初めに管理職と一緒に進路指導主事も挨拶まわりをし、卒業生に期待することなど地域の声を聞くことを心がけたいところです。

　年度初めに進路指導部がすべき確認事項はとても多いです。３年生の進路決定に向けた各種ガイダンスの内容、模擬試験の実施日、大学等の入試日程や就職に関する申し合わせなど、**業務リストを作り、進路指導部内で主となる担当者を決めておきましょう。特に期日や期限はダブルチェックをして確認しましょう。**

✦１ キャリア教育の目的に照らし合わせながら年間計画を

　生徒の進路決定が最優先の目標になりますが、このとき、単に大学合格や就職内定を目標にする「出口指導」だけに注力することは避けたいところです。３年間の進路指導の集大成でもあり、**生徒の社会的自立・職業的自立に向けた「キャリア教育の目標」に照らし合わせて、最後の１年間の進路活動の計画を立てることが重要**です。

　生徒が卒業する「１年後の社会」ですら予想が難しいです。この変化が激しい社会で自立的に生きるために必要な、基盤となる能力（コンピテンシー）を高める取り組みになっているか、進路活動の評価軸を持つようにします。

　進路活動の取り組みが、『中学校・高等学校キャリア教育の手引き』（文部科学省）で整理されている「基礎的・汎用的能力」を構成する**「人間関係形成・社会形成能力」「自己理解・自己管理能力」「課題対応能力」「キャリアプランニング能力」の４つの能力のどの領域と関連性があるか**、評価の観点を持つと

よいでしょう。

✦ 1 推薦においては、校内選考の基準を共有しておく

次に、大学等進学希望者が多い学校の場合、総合型選抜と学校推薦型選抜について、出願手続きや推薦規定など、校内での申し合わせを年度初めに３年生の教員と必ず共有することが大事です。

特に、**指定校制学校推薦型選抜（指定校推薦）の場合は、校内選考の基準を各学校で用意しているため、成績条件と出席状況等、その学校での選考基準を進路指導部から３学年に丁寧に説明します**。大学や短期大学、専門学校等が示す推薦条件の通知は、例年６月頃に集中しますが、７月半ばに届くこともあります。３年生との情報共有は、まずは前年度の指定校推薦の資料を使うのがよいでしょう。

就職希望者が多い学校の場合、進路指導主事や就職担当者が就職慣行について、３年生の教員に情報を共有します。特に公務員試験の出願については、国家公務員は６月から、地方公務員は７月から受付になるので注意が必要です。**担任は生徒の希望に応じて、ホームルーム全体に周知するだけでなく、個別にスケジュールを確認するよう声掛けをするのが望ましい**です。

進路活動について不安に思う３年生の保護者も多いはずです。通信や説明会など、保護者向けに進路情報を提供する方法も検討するとよいでしょう。

進路指導部から３年生の教員へ説明しておくこと

進路指導部

- ・指定校推薦の基準
  （成績や出席状況など）
- ・出願の手続き
- ・大学等の入試日程
- ・就職支援の流れ

３年生の担任

The third grade　　#生徒指導 #ICT

進路ガイダンスの仕方
～大学進学希望者に一番伝えるべきこと～

　高校３年生の進路ガイダンスは、大事なことだらけです。志望校の検討から始まり、模擬試験のスケジュールや活用方法、長期休業中の過ごし方、オープンキャンパス、総合型推薦・学校推薦型選抜・大学入学共通テスト・一般選抜などの仕組み・出願方法・受験計画・合格後の流れ・失敗した場合の対応策など…限りなくあります。

　３年生の始めに進路担当者から伝えるべきことはどんなことでしょうか。

✦ | 伝え漏れのないように冊子やファイルを活用する

　全体の流れから大切な注意事項までさまざまなことを生徒、そして時には保護者へ説明する必要があり、丁寧な指導が欠かせません。ミスも<u>場合によっては出願や合否に関わるトラブルにも発展しかねません。</u>

　特に３年進路担当のプレッシャーはとても重くなります。これらを全て担うのはとても大変なので、進路指導主事や、就職担当などにガイダンスの一部、もしくは主要部分を担当してもらうのもよいでしょう。

　<u>進路関係のことをまとめた冊子やファイルなどを使っている学校も多いと思うので、読み合わせなどをする際には、それを活用して丁寧に進めましょう。</u>

✦ | 最新の情報や勤務校の状況を教員間で共有しておく

　その勤務校で初めて３年生を担当する教員もいることでしょう。適宜情報共有を行い、どの教員もガイダンスに臨めるようにしておくことが必須です。<u>入試システムは変化も激しいので、長年の経験や勘は通用しません。</u>３年もすれば組織改変や制度の大規模な変更もあります。<u>わからない教員を置いていかないように、教員間の疑問にも丁寧に答えながら準備しておくことが大切</u>です。教員の誤解などで、作業が増えたり、時には重大なミスにつながったりするこ

ともあるので、週に1度の学年会議を実施したり、エクセルやスプレッドシートで3年生の進路活動状況を共有したりするなど、進路指導部と学年での密接な連携を進めましょう。

✦│常にそばにいて味方をすることを伝えておく

生徒たちに伝えることは山のようにありますが、**教員は生徒たちの味方でいること、粘り強く一緒に頑張る気持ちがあること、みんなで協力すること**など、信頼をベースにしたシンプルなメッセージを伝えられれば、それで十分です。

受験生はやはり不安です。調子の波もありますし、思うような結果はなかなか出ません。ちょっとしたことでリズムを崩すケースも多々あります。1年間ずっと張り詰めた雰囲気では、生徒たちも息苦しさを感じてしまいます。教員団が受験の厳しさを伝えつつも、**常にそばにいて応援していることを組織的に、継続的に伝えられれば、生徒たちにもそれらを力に変えて安心して受験勉強に向かってくれる**はずです。

✦│高校最後の1年を一緒に楽しむ

最近は補欠合格なども増えてきているため、3月末まで気の抜けない日々が続きます。ガイダンスに限らず、進路指導部と3年生の学年団でこまめな連携を欠かさずに進めていきましょう。

受験生は受験がメインとなりがちですが、高校生活も3年生にとっては最後の1年になります。部活動や体育祭・文化祭などの学校行事でも3年生は中心として活躍するはずです。**受験第一主義になり過ぎずに、生徒と高校最後の1年間を一緒に楽しむことは、必ず生徒たちの進路実現にもつながります。**そのような進路以外の大事なことも忘れずに生徒の支援ができるとよいですね。

`The third grade` #ICT

進路ガイダンスの仕方
〜進路情報の集め方〜

　高校最後の学校行事や部活動を頑張りたいという生徒の気持ちを理解しつつも、教員は生徒の進路活動についても考えておかなければなりません。生徒によっては周りの様子を見て、就職活動や受験勉強を進めていることに気がつきあせってくる生徒も出てきます。<u>どちらも並行して進めなければならないこの時期、効率よく情報を収集する方法をご紹介します。</u>

１ 先輩や教員に相談したり、プラットフォームで情報交換する

　1・2年生のうちから進路実現に向けて準備をしていた生徒は、そのまま突き進めばよいです。しかし、その時間がとれなかった生徒や、今から自分の進路について考え始める生徒もいるかもしれません。先輩に相談したいと思っても、先輩はすでに卒業しているため、相談がしにくい状況です。進路のしおりを活用したり、進路指導部や3学年の教員に相談して、自分の進路を明確にするよう声掛けをします。

　またこの時期になると、進学する生徒は、「自分の勉強時間はこれぐらいで適切なのか」「もっと進路先の情報がほしい」というような気持ちが出てきます。同じ学校を志望する生徒の状況も知りたくなります。そんなときに役に立つのが、「Studyplus（スタディプラス）」です。自分と同じ目標を持った仲間が、今どんな参考書を使って勉強をしているのか、1日の勉強時間はどれくらいなのか等、受験生同士で共有できるプラットフォームです。周りの情報を知ることで刺激を受けたり、自ら発信することでモチベーションが上がったりするので、非常に効果的でしょう。

　就職を希望する生徒は、学校に送られてきている求人票を確認したり、ハローワークやジョブカフェといった公的機関を活用したりします。外部との接触も増えてくるので、スケジュールを生徒と共に確認しておきましょう。

✦１ 全国の卒業生の受験レポートを参考にする

　また、進学先の情報については、ベネッセの「Benesse High School Online（ハイスクールオンライン）」にある受験レポートを参考にするとよいでしょう。ここには、全国の卒業生の受験レポートが豊富にそろっています。面接の質問内容や小論文の出題テーマなど、志望する学校の情報があるかもしれないので、積極的に閲覧をすすめましょう。

　高校生活の集大成として学校行事や部活動、日々の生活を楽しく過ごしたい生徒の気持ちもわかります。しかし、自分の進路活動にきちんと向き合うということもまた大切なことです。

　そして、進路が確定したら、そのときの情報を必ず学校に報告させ、面接で質問されたことなどの記録を残すように依頼しましょう。後輩たちもまたその情報を頼りにするはずです。

　進路情報はこうして集める

　　　　　　　　　教員や先輩に聞く（共通）

　　進学情報プラットホーム　　　　　求人票
　　受験レポート　など　　　　　　　ハローワーク
　　　　　　　　　　　　　　　　　　ジョブカフェ　など

進学希望者

就職希望者

進路ガイダンスの仕方
～資格取得（進学・就職）～

　3年生になると、大学等の入学試験や就職試験が現実味を帯びてきます。入学試験や就職試験の出願に必要な資格や検定もあれば、受験科目等の免除など有利な条件がある資格や検定もあります。これらは、いつまでに取得したものが反映されるのかを調べた上で、資格取得の計画を立てるようにアドバイスをしましょう。

1 基本は3年生の1学期のうちに取得を目指す

　大学等の入学試験や就職試験の日程がわからない場合でも、余裕をみて3年生の1学期の結果を反映できる範囲で取得を目指すとよいでしょう。大学等の総合型選抜の出願時期は9月以降と文部科学省により定められていますが、夏休みのオープンキャンパス等で個別相談する機会があるかもしれません。その際に、**直近で取得している資格や検定がわかった状態で参加するほうが、より具体的な相談ができる**からです。

　また、就職試験は例年、企業の学校訪問開始が7月1日、応募書類の受付開始が9月5日、選抜開始が9月16日と、厚生労働省と文部科学省、全国高等学校長協会、主要経済団体の検討会議により定められていますので、このスケジュールから逆算しても、やはり**1学期の結果をもとに応募することができる求人票を見定めていく**ことになります。

　中には、資格や検定の取得見込みの状態で出願・応募できる学校や企業もありますが、生徒自身に多大なプレッシャーがかかることになりますし、何らかの理由で受験できなくなることもあるかもしれませんので、避けたほうがよいでしょう。

　つまり、**3年生にはほとんど資格や検定の受験機会がないと考え、綿密な準備と学習をさせる必要があります**。

✦ | 資格や検定に取り組んだこと全てが学びにつながる

　資格や検定は結果が全てだとも言えますが、生徒には別の側面からも振り返りをさせたいところです。

　例えば、資格や検定のために3年間を費やしてきた場合は、合否や取得可否にかかわらず、**目標を定めそれに向けてスケジュールを立てて学ぶことができたことや、苦手の克服に向き合ったことなどは何物にも代えがたい**ものです。

　さらに、検定等の受験会場の緊張感、直前期のプレッシャーや不安、努力したことが結果として報われることとそうでないこともあることなど、身をもって知ることができたことを全てプラスにとらえられるよう振り返りさせましょう。

✦ | 資格や検定は一生ものだということを伝える

　高校を卒業した後も「学ぶ」ということは生涯にわたって続きます。高校在学中に取得した資格や検定を一度きりのものにせず、さらに上位を目指したり、他の資格や検定にチャレンジしたりすることで一生のものにしていく大切さを説きましょう。

　資格や検定という公的に認定された証を持つことは、卒業後についた職業から新たな職業につきたい際の道標となることもあります。結婚や出産、転職や起業、子育てや介護など、変わりゆくライフステージの中で、必要に応じて資格や検定を取得してさらに人生を充実させることができることを伝えたいものです。**在学中に取得した資格や検定がすぐに役立たなくても、時が経ってから活かす道があり、今後の人生においてもきっとどこかで何かの役に立つ**ことを説明するとよいでしょう。

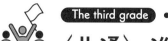

〈共通〉進路ガイダンスの仕方
～就職活動について～

`The third grade`　　　　　　　　　　　　　　　　　　　#保護者

　就職ガイダンスは、大きく分けて、3年生向けに就職活動への取り組み方を説明するガイダンスと、保護者や1、2年生向けに就職活動の現状を説明するガイダンスがあります。

✦ | 3年生向けのガイダンスでは具体的なスケジュールを示す

　3年生向けの就職ガイダンスは4月の早い時期に実施できることが望ましいですが、遅くとも5月中旬までには実施します。できれば、LHRや学年集会など、授業時間の一コマを確保したいところです。

　就職ガイダンスを通して、生徒が就職活動のスケジュールとルールを知ること、どのような仕事につきたいのか改めて考えさせることを目標として設定するとよいでしょう。

　高校生の就職活動は、①公務員試験、②学校斡旋による民間就職、③縁故や自己開拓による民間就職の3パターンに分けられます。**就職ガイダンスでは、それぞれの就職方法の具体的なスケジュールと留意点を説明します。**

✦ | じっくりと検討してから応募し、内定通知書をもらう

　最近は、少子化、労働人口の減少にともない、人手不足が顕著で、大卒求人以上に高卒求人がさかんになっています。学校斡旋による民間就職の場合、7月の求人票公開、9月の就職応募解禁に向けて、じっくりと就職先を検討してから応募することができる状況になっています。ただ、**就職後のミスマッチによる早期離職を避けるためにも、生徒が納得できる企業と出会えるよう、応募前見学の活用を進路指導部や担任から促すことが大切**です。

　縁故や自己開拓による民間就職の場合は、「口約束」であったりすることも多く、卒業前での内定取り消しのリスクがありますので、できれば採用内定が

わかる文書を残してもらうよう、生徒に注意を促す必要があります。「雇用契約書」は法的には事業所が交付しなくてもよいのですが、可能であれば「雇用契約書」の交付や、学校斡旋による民間就職のような「内定通知書」を発行してもらえないか、学校から事業所に相談してはいかがでしょうか。

このように3年生向けの就職ガイダンスでは、「いつまでに何をすればよいのか」を意識して、学校の慣例を踏まえながら、最新の資料を準備するとよいでしょう。

✦ | 保護者や1・2年生向けのガイダンスでは概要を示す

保護者向けや1、2年生を対象とした就職ガイダンスの実施時期は年度の後半に設定することが多いです。ここでは、**3年生向けのガイダンス資料を簡素化したものに加えて、前年度の就職状況や求人倍率などのデータを含めるのがよい**でしょう。各都道府県の労働局が「新規高等学校卒業予定者の求人・就職状況」といった統計データを公表しています。求人票に書かれた月給やボーナスの数値も参考に資料を作成すると、保護者世代の高卒就職に比べて大きく変化していることを伝えることができます。

いずれにせよ、高校生の就職活動は多くの教員にとって未経験の領域ですので、就職ガイダンスを企画するときには引き継ぎ資料を読み込み、「わかものハローワーク」や「ジョブカフェ」などの公的機関に相談するのもよいでしょう。

高校生の就職活動は主に3パターン

①公務員試験	②学校斡旋による民間就職	③縁故や自己開拓
6〜7月　応募受付 　9月　一次試験 　10月　二次試験 　11月　合格発表	7月　求人票公開 9月　応募解禁	内定 ↓ 内定通知書か 雇用契約書もらう

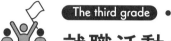

The third grade
就職活動のスケジュールと求人票の見方

　2024年3月卒業の高卒者の求人倍率は3.98倍でした。急速に進む少子化と、それにともなう労働人口の減少が進み、中小企業で人手不足が課題となっています。この売り手市場の中、高卒者の職場定着を図るために、賃金の引き上げや福利厚生の充実、業務に必要な資格等の会社負担などさまざまな工夫がされるようになりました。平成世代の高校生に比べても、安心して就職しやすい状況になっています。

｜民間就職のスケジュールと各地域の申し合わせを確認する

　学校斡旋による民間就職は、厚生労働省と文部科学省、全国高等学校長協会、主要経済団体の協議により、**毎年度、選考スケジュール等が取りまとめられています。**

　就職活動に関する日程について、令和6年度を例にとると、企業による学校への求人申込および学校訪問開始が7月1日、学校から企業への生徒の応募書類提出開始が9月5日（沖縄県は8月30日）、企業による選考開始および採用内定開始が9月16日となっていました。

　また、都道府県ごとに就職に関する申し合わせがあるので、**必ず学校所在地の労働局やハローワークからの通知文、進路指導主事を対象にした説明会などで、その年度の就職申し合わせを確認しておきましょう。**

｜一人一社ルールの理由と例外について

　高校生が求人票で事業所に応募するときは、原則「一人一社」のルールがあります。これは、**高校生の学校での学習活動を確保し、求人秩序を守り適正な職業選択を確保するためのルール**ですが、一人二社など複数応募を解禁する場合もあります。複数応募に関する申し合わせは、地域内での議論がありますの

で、他校の進路指導主事とも情報交換をするとよいでしょう。ただし、応募前職場見学は、複数の事業所を見学することができます。

これらの選考日程や、職場見学の可否、複数応募の可否は、全て求人票の裏面に記載されています。**例年、多くの卒業生が就職しているような地元企業の求人票は、あらかじめ進路指導部と３学年で共有する**とよいでしょう。

✦ 1 求人票を見ながら生徒の自己理解を促す

生徒との進路面談等で、個別に求人票の見方を説明するときには、求人票を参考に、**「就業場所と仕事の内容」、「毎月の賃金・賞与と休日」、「福利厚生や働きやすさ」の大きく３つに分けて説明します**。これは、生徒が求人票から職探しをするときに、何を優先するか考えるヒントになります。地元に残ることを最優先に考える生徒もいれば、勤務地よりもまずは賃金の条件を第一に考える生徒もいます。賃金が低くても有給休暇が取りやすく趣味の時間を大切にしたい生徒もいます。**働くときに何を大事にしたいのか価値観を言語化し、求人票を使いながら生徒の自己理解を促すこと**が面談のポイントです。

求人票の検索は、厚生労働省職業安定局が運営する「高卒就職情報WEB提供サービス」を活用すると便利です。しかし、事業所の人事課や総務課の担当者が進路指導室を訪問し、求人票とともに会社概要を説明した情報が最も有益です。進路指導部で記録を残し、生徒に還元するとよいでしょう。

求人票の見方のポイント

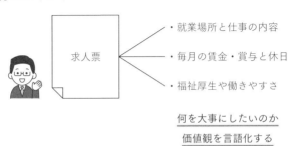

職場見学・インターンシップの申込み

　例年7月1日を過ぎると新規高卒者の求人情報が公開され、多くの事業所が進路指導室を訪れます。事業所の担当者が、どのような業務内容で、どのような生徒を求めているのかを求人票や会社案内を使って説明してくれるので、進路指導部としても記録を残し、3学年の教員と3年生の就職希望者に情報を共有します。そして、**求人票の裏面に記載されている応募前職場見学の可否を確認し、就職担当の教員や担任から、その事業所やその業界に興味を持っている生徒に職場見学に行くかどうか声をかけます。**

1 事業所への職場見学の相談は進路指導部か担任が行う

　高校生の就職に関する申し合わせがあるため、学校斡旋による民間就職の場合は、事業所から生徒に直接連絡を取ることができません。**応募前職場見学の相談は、進路指導部の教員や担任が、求人票の裏面に記載された採用担当者に直接電話をします。**

　このとき、学校行事や定期考査の日程を避け、生徒の希望する日時を3つくらい事前に確認しておくと、事業所との相談がスムーズになります。事業所によっては職場見学の日時を複数回設定し、学校に事前連絡がある事業所もありますので、進路活動における公欠の校内ルールを確認しておきましょう。

　応募前職場見学は、採用が締め切られていなければ、いつでも相談することができます。9月の就職選考が解禁になっても、就職活動が思うように進まない生徒には、求人票を参考に複数の事業所の職場見学を勧めてみるのも効果的です。複数の事業所に応募前職場見学を依頼するときは、採用担当者にその旨を伝えておくといいでしょう。

　職場見学の内容も、事業所がそれぞれプログラムを組んでいる場合が多く、会議室でスライドを使った会社説明を行う事業所もあれば、部署を巡回し、ど

のような業務があるのか部署ごとに説明する事業所もあります。職場見学の所要時間はおおむね1〜2時間程度の事業所が多いですが、時間帯によって業務量が大きく異なるサービス業などの職場見学では、閑散期と繁忙期の両方を見学するために半日ほどかかるところもあります。

✦ | 社会人としての常識を学ぶ機会にする

職場見学の事前指導では、**社会人として報告・連絡・相談を忘れず、自分だけで判断しないように注意します**。例えば、病気等でどうしても欠席する場合は学校にも連絡すること、公共交通機関の遅延等で集合時間に間に合わないときの連絡先を確認することなど、具体的に指示を与え、生徒にとって「社会人としての常識」を学ぶ機会にします。

3年生であっても、インターンシップ（就業体験活動）を通して実際の社会で働くことを経験させることは、主体的に将来を考える機会になるので、大切にしたいところです。**就職希望ではあるものの、社会に出ることに不安を持っている生徒や、自分の職業適性についてまだ理解が不足していると感じる生徒には、就職選考前の夏休み中にインターンシップに取り組ませる**ことも効果的です。

職場見学・インターンシップの申し込み方

履歴書指導（進路指導部として）

　高校生の就職活動で、履歴書の作成が大きな壁になります。履歴書は、事業所に自分自身をアピールする大切な資料になりますが、多くの生徒が自己分析の難しさと、経験を言葉にすることの不慣れから、履歴書を書き上げるのにかなりの時間を要します。進路指導部としては、**１年生から自己理解を深め、それを言語化する取り組みを計画的・継続的に実施することで、３年生になったときに生徒が自信を持って履歴書を作成できるようになります。**

✦｜履歴書は統一された用紙を使う

　学校斡旋による民間就職の場合、履歴書は全国高等学校統一用紙を使います。これは、文部科学省、厚生労働省、全国高等学校長協会の協議により作成されたもので、**厚生労働省やハローワークのホームページからダウンロードすることが可能です。ハローワークに連絡すると、履歴書が束ねられた冊子を受け取ることができます。**

　また、自治体によっては、PDF形式だけではなく、エクセル形式でダウンロードして、パソコンで入力した履歴書で応募できるようになりました。記入時に悩むことのない住所や氏名、学歴・職歴、資格、校内外の諸活動の項目は、**就職活動を始めたときにすぐに書かせるとよいでしょう。**

　一般に、証明写真は３か月以内に撮影したものを使いますが、厳密に定められてはいません。進路指導部と３学年で証明写真の有効期限について共通認識を持っておくと安心です。

✦｜書けない項目が書けるようにサポートする

　生徒が履歴書を書くときに、特に悩む項目が「趣味・特技」と「志望の動機」です。３年生であっても、さまざまな経験が少なく自信を持てないことから、

趣味や特技のような自分の強みをどのようにアピールすべきか、なかなか書くことができない生徒が少なからずいます。そして、履歴書を書く上で最も重要な、その事業所を志望するに至った理由やその職種につこうと思った理由を漠然としか書けない生徒が多いです。

そこで、キャリア・パスポートを活用することをおすすめします。必要であれば、改めて自己理解を促すような面談を実施して、部活動やボランティア、学校行事での役割や達成感、自宅での過ごし方、授業で印象に残っている内容など、**具体的な出来事を振り返り、言語化するように助言します**。面談で質問をしながら生徒に答えを書かせる方法も有効です。マインドマップを作ったり、マンダラチャートを作ったりする方法もあります。これらのワークショップを経て、自己PRを履歴書に落とし込むように生徒をサポートします。

志望動機の明確化が難しいときは、まずは生徒にその業界について調べてまとめる作業から始めます。それから、生徒が自分の興味や将来の目標と応募する事業所の特徴を結び付けられるようにサポートします。**志望動機は、ウェブで調べるよりも体験からの言葉が説得力を持つので、応募前職場見学に取り組むように提案するとよい**でしょう。職場見学を通して具体的なエピソードや、直接事業所で学んだことを盛り込むことで、説得力のある志望動機が書けるようになります。

筆者は教員養成系ではない大学で教員免許を取得し、初任校は進学校で、就職希望者が数えるほどしかいませんでした。そのため、就職指導の方法を学ぶ機会がほとんどありませんでした。就職指導を担当するようになったのは、2校目の2年目に進路指導主事になってからです。小規模高校だったため経験豊かな教員が少なく、就職指導の方法を学ぶには……と考えたのが、専門学校の出張講座を活用することでした。3年生向けの履歴書の書き方講座やマナー講習会を実施し、生徒と一緒に私も勉強したことが、今も役立っています。

The third grade ••

就職試験対策
～筆記・面接試験、適性検査～

面談

　就職試験は大きく分けて３つあります。①筆記試験、②面接試験、③適性検査です。それぞれの対策について説明します。

✦ ┃ 筆記試験の対策について

　筆記試験は、いわゆる一般常識問題の試験です。**主要５教科（国語・数学・社会・理科・英語）だけでなく時事問題やビジネスマナーが出題される場合もあります。**主要５教科に関しては、一般的には高校入試程度の難易度の問題が多いと言われています。３年生になってからあせって対策をするのではなく、早めの段階から学習習慣を身に付けておくように指導をしましょう。

　特に基礎学力に不安な生徒がいる場合は、直前に問題集を解いて対策をするだけでは不十分です。例えば、朝のHR前に５分間だけで実施できる試験対策のワークシートを導入したり、各教科の定期考査の中に毎回１題だけ就職試験に対応できるような問題を取り入れたりすると効果的です。**進路指導部と学年が使用する教材等を協議して選定し、対策を始める時期を決定するとよい**でしょう。

　時事問題に関しては、国内外で起きている出来事に関心を持つよう指導します。同時に、その出来事について、**「あなたはどのように考えるか」「あなたができる解決策はどのようなことか」**を考えさせましょう。これらを書き込めるノート等を用意させ、書き込んで蓄積することによって、直前期にあせらずに済みます。

　また、時事問題に関する作文試験が課される場合もありますので、**出来事に関して自分の意見を述べられるように練習をさせることも必要**です。関心のある新聞記事を切り取って感想を書くという方法もありますが、家庭によっては新聞を購読していない場合もありますので、誰もが同じ条件で対策をするため

には、教師側がテーマを示した上で意見を書くことができるようにするとよいでしょう。

　ビジネスマナーに関しては、商業系科目で学ぶ場合もありますが、普通科高校では学ぶ機会を作らない限りは身に付きません。**定期考査後から終業式までの時期に外部講師を招聘して学習したり、秘書検定で出題されるような問題に取り組んでみたり**させましょう。

✦ ｜ 面接試験の対策について

　面接試験は、グループ面接や一対一の面接などがあります。グループ面接の場合は、選考の初期段階で実施されることもあり、他校の生徒に圧倒されて発言ができなくなってしまうことも考えられます。学校では何人かの生徒を集めて練習をしたり、自分の意見を言えるように繰り返し練習をしたりするとよいでしょう。

　一対一の面接も練習が必要です。自分自身に関する質問だけでなく、志望する事業所（会社等）の会社調べもした上で面接に臨むようにしましょう。進路指導部と学年が協力し、複数の教員による複数回の練習を設定し、どのような質問にも答えられるようにしましょう。

　（別項目の「面接指導のポイント」も参照してください）

✦ ｜ 適性検査の対策について

　適性検査は、SPIやGAB、CABなどの職業適性を測るものもありますが、高卒就職で長く用いられるものに「内田クレペリン検査」があります。落ち着いて取り組むよう指導しましょう。必要に応じ、問題集を購入して演習させるとよいでしょう。

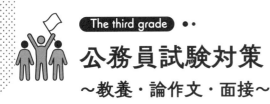

公務員試験対策
～教養・論作文・面接～

The third grade

#面談

　公務員試験は受付開始が早く、国家公務員は6月から、地方公務員は7月から受付が始まります。募集要項はインターネットで公開している自治体もありますが、取り寄せる必要がある自治体もあるので、4月には最新の日程を確認することが大切です。

✦ | 国家公務員、地方公務員についての基礎知識

　高卒の国家公務員でも、エリア採用となる職種もあり、全国転勤にならないこともあります。また、例えば、税務職員に採用されると、簿記や会計学などの専門知識に関する研修があり、普通科高校で専門科目を学んでいなくても働くことができ、さらに、勤続23年以上で指定研修を終了すると「税理士」の国家資格を取得することもできます。**高卒で国家公務員を目指す場合、長期的なキャリア形成をイメージしやすくなります。**

　地方公務員の場合、都道府県の行政職員、警察官、学校事務、市町村の職員、消防士など、それぞれで募集要項が用意されています。インターネットで公開している自治体もありますが、**役場の総務課などから募集要項を取り寄せる自治体もありますので、4月には最新の日程を確認しておきましょう。**

✦ | 公務員試験は併願が可能で、1次試験は教養試験と論作文試験が一般的

　試験は9月に1次試験、10月に2次試験、11月に合格発表というスケジュールが一般的です。**試験日程が重なっていなければ、併願が可能**です。例えば、国家公務員の税務職員と地元の町役場の職員に応募したり、地元の消防士と他県の消防士の試験に応募したりすることができます。公務員試験の併願はスケジュール確認がより重要になります。

　公務員試験の1次試験の試験科目は、多くの場合、教養試験と論作文試験が

課されます。教養試験はマークシート方式で、知識分野から15〜20問程度、知能分野から20〜25問程度出題されます。**知識分野は中学校から高校で学ぶ5教科の内容が出題され、知能分野は文章理解、判断推理、数的推理、資料解釈の各領域から出題されます**。この知能分野の試験は、公務員試験特有のもので、トレーニングを重ねることで得点を伸ばすことができます。

論作文試験の出題テーマは、国家公務員試験の場合は人事院のホームページで確認することができますが、自治体によって出題テーマが異なるため、過去にどのような課題が出されたか、勤務校で蓄積された情報を活用します。

✦ ｜ 2次試験は面接試験。公務員の自覚を言語化できるようにサポート

2次試験の面接試験では、**1次試験の当日に提出する「面接カード」を用いて面接する場合が多い**です。自治体によっては1次試験当日の筆記試験後に、その場で記入させるケースもあります。「なぜ○○県の公務を目指すのか」「○○市の職員としてどのような貢献を考えているか」など、質問項目はさまざまです。**面接カードそのもので合否が決まるものではありませんが、あらかじめ準備が必要**です。面接試験では、コミュニケーション力、協調性、主体性などの視点で評価されます。志望動機を丸暗記して答えるのではなく、面接官の質問からその場で考え、生徒自身の言葉で回答できるようにトレーニングする必要があります。

生徒が公務員としての自覚を言語化できるよう、面接カードの準備を通してサポートすることが重要です。

警察官、消防士、自衛官、海上保安官は体育系部活動に所属している生徒に人気がある公務員です。高校生活で培った体力や忍耐力を活かすことができるからです。ただ保安の職業は、身長や体重、疾病や怪我の状態によって不採用になる場合がありました。部活動引退後も健康でいることが大切です。

The third grade
調査書記入の準備と点検について

✦ | 調査書は進学用と就職用の２種類がある

　調査書には進学用と就職用の２種類があり、進学用は文部科学省の「大学入学者選抜実施要項」に記載されています。就職用は厚生労働省と文部科学省、全国高等学校長協会の協議によって作成された「全国高等学校統一用紙」を用います。

　調査書は、学校教育法施行規則第28条を根拠に５年間の保存期間が定められています。**生徒の進路決定において重要な役割を果たすので、校内の調査書発行フローを進路指導部で整理し、年度当初の職員会議等で学校全体で共有することが重要**です。

✦ | ６月に発出される「大学入学者選抜実施要項」を必ずチェック

　例年６月に、文部科学省高等教育局長名で発出される「大学入学者選抜実施要項」は、文部科学省のホームページからもダウンロードできます。**特に、進路指導主事は「調査書記入上の注意事項等について」の項目を熟読することが大切**です。毎年、細かな修正がありますので、「例年こうだった」と思い込まないようにしてください。

　この注意事項には、「調査書は、ホームルーム担当教員等が原案を作成し、関係教員をもって組織した調査書作成に関する委員会の審議を経て、高等学校長が作成し、その責任において、大学に提出すること」と指示がありますので、進路指導部が中心となって組織的に発行できるように整えましょう。

✦ | 点検チームを組織し分担してミスを防ぐ

　調査書の作成時には、教員間で書き方の共通認識を持つことが非常に重要です。なぜなら、調査書を点数化して合否判定に使う大学等もあり、一つの記載

ミスが生徒の人生を大きく狂わす可能性があるからです。このとき、『改訂版高等学校調査書・推薦書記入文例＆指導例』（担任学研究会、学事出版）のような書籍をベースに調査書を作成すると、点検時のミスを減らすことができます。

調査書の最終的な内容を校長や副校長・教頭が二重にチェックすることが原則ですが、点検チームを組織してどの部分を集中的に点検するか、手分けをしてミスを減らします。

点検作業は、<u>①指導要録からそのまま転記する項目、②指導要録を参考に文章を記載する項目、③調査書独自の項目、と区別しておくとよい</u>でしょう。

①指導要録からそのまま転記する項目の点検

・生徒の住所、氏名、生年月日、学習の記録（評定や修得単位数）、特別活動の記録、出欠の記録など

②指導要録を参考に文章を記載する項目の点検

・総合的な探究の時間の記録、指導上の参考となる諸事項

③調査書独自の項目の点検

・学習成績の状況、学習成績概評（評定平均）、成績段階別人数（Ａ・Ｂ・Ｃ・Ｄ・Ｅの段階）、備考など

点検フローは、例えば、第１段階として、副担任や担任同士で別のクラスの調査書を点検するなど、学年内で全ての項目の点検を行います。第２段階として、「指導上の参考となる諸事項」の文章を、進路指導部の教員が手分けをしてチェックし、修正箇所があれば調査書に書き込んで、３学年に差し戻します。第３段階で、指摘があった箇所が全て修正されているか、副校長・教頭がチェックし、問題がなければ校長の決裁に進めます。このような方法で、<u>誤りや漏れがないかを確認し、透明性を確保します。</u>

The third grade
オープンキャンパスで気持ちを切り替える

　近年は、推薦型選抜や総合型選抜、いわゆる年内入試を受ける生徒の割合が増加しています。年内入試を受ける場合は、早いときは３年生の新学期から準備を始めます。エントリー面談や面接試験など、入試は夏から秋にかけて行われることが多いです。

　７月から８月には面接対策や小論文指導をスタートさせ、受験先から課されるテーマがあれば、それに関する書籍を読んだり、ウェブサイトを確認したりします。このことは、国語や英語などの一般選抜を受けるための対策ではなく、別途、時間を割くことになります。推薦型選抜等で無事に合格できた場合は問題ありませんが、不合格であった場合、一般選抜の対策が不十分になり、生徒の第１志望への進学が難しくなってしまうことがあります。

✦ | 気持ちを切り替える仕掛けとしてのオープンキャンパス

　そのようなとき、諦めずに一般選抜で受験をやりきるように勧めることも方法の一つになりますが、生徒は落ち込んでいることが予想され、そこから切り替えていくためには、何かしらの「仕掛け」が必要になるかもしれません。

　オープンキャンパスは、その有効な手段の一つです。

　秋以降もオープンキャンパスや合同入試説明会が行われているので、「受験したい」と思えるような大学や短期大学、専門学校と出会える可能性があります。ただ、オープンキャンパスに参加を促すだけでなく、その生徒がもともと興味を持っている学部・学科の系統から、あらかじめいくつかの大学等の候補を絞って提示することも必要でしょう。

✦ | 本人や保護者の「こだわり」から候補を探す

　年内入試の指導の過程において、志望理由から他の学校に置き換えることが

可能な「こだわり」が見えてくる場合があります。

　例えば、

・本人はもちろん、学費を出す保護者が納得できる進学先を探したい

・他者に喜ばれる仕事につきたい

・キャンパスライフが謳歌できる進学先を探したい

などです。**生徒や保護者が納得して一般選抜で進学できそうな学校を探して、それぞれどういう点が魅力かを「こだわり」と擦り合わせながら提示します。**

　どうしても置き換えることが難しい場合は、浪人する可能性を考えながら同じ大学や短期大学などを一般選抜で受験することを勧めることもあるでしょう。

✦｜受験のスランプから抜け出すためのオープンキャンパス

　一方で、いつまでも志望先を決められない生徒もいます。「行きたい」ではなく「行けるところ」を受験したいと話している場合は、何のために勉強しているかわからなくなり、スランプに陥ることがあります。そのような場合もオープンキャンパスが一つの有効な手立てになりうるときがあります。

　「いくつかの大学や短期大学などをピックアップして、受験をすすめる」という方法は最終手段となりますが、その前に、**オープンキャンパスを活用して進路選択肢を増やしておきたい**ところです。なぜなら、**最終的に生徒自身が考えて受験するかどうかを決めてもらいたい**からです。

　いずれにしても、どのような進学先を検討するかは、ふだんから生徒と進路についてコミュニケーションをとっておくことが重要です。そして、生徒の志望先と類似するような大学や短期大学、専門学校をピックアップしておくことも可能であれば、事前にやっておきたいところです。

第3章

3年生

105

`The third grade` #保護者

大学入学共通テスト出願時のポイント

　大学入学共通テストに関する情報は、「独立行政法人　大学入試センター」のホームページを確認しましょう。**説明会の日程や出願の手続きが示されているだけでなく、過去の出題問題・正答、平均点等も公開されています**。出願指導は教員主導ですが、生徒にもサイトを紹介することで入試制度の理解につながるだけでなく、学習の動機付けにも活用できます。

✦ 1 大学入学共通テスト出願の流れ

　大学入学共通テストの出願は令和8年度から電子化されました。この電子化出願のステップについて概要を示します（2025年2月時点の情報に基づいています。最新の情報は「独立行政法人大学入試センター」のホームページ等でご確認ください）。

　①「受験案内」「受験上の配慮案内」の公表（6月中旬頃）
　②マイページの作成（7月上旬頃）
　③出願・検定料の支払い（オンライン決済、9月下旬頃）
　④出願内容の確認・登録内容の変更（10月中旬頃）
　⑤受験票の取得（印刷して試験会場に持参、12月中旬頃）

　電子出願システムの利用にあたり、受験生が自分でアカウントを登録し、「マイページ」を作成します。出願や登録内容の変更等は受験生が直接「マイページ」で行うので、教員は高等学校関係者向けサイトで志願状況を確認するだけになります。

　独立行政法人大学入試センターのホームページで、最新の情報を必ず確認しましょう。受験生が直接手続きを行うため、誤った情報を登録しないように前もって受験案内を熟読するように指導しておくだけでなく、検定料の振込が遅れたり登録が遅れたりすることのないように**保護者向け説明会等を通してご家**

庭の協力も必要であることも説明しておきましょう。

　受験票や写真票に添付する写真を学校で撮影する場合は、早めに業者に連絡を取って日程調整と、デジタルデータでの受け取り方法を確認しておくとよいでしょう。

✦｜配慮を希望する生徒がいる場合は、本人や保護者などと早めに相談

　受験に際して、病気・負傷や障害等のために配慮を希望する生徒がいる場合（視覚、聴覚、肢体不自由、病弱、発達障害など）は、配慮申請を行うことになります。この申請書類は「マイページ」から入手し、郵送で申請します。受験上の配慮申請は、出願前から受け付けています（8月上旬から9月下旬）。

　書類の提出に際して、これまでの経緯や学校での特別措置の方法等を文書で提出する必要がありますので、申請するか否かを本人、保護者、主治医等と早めに決めてもらうよう促しましょう。出願後に不慮の事故によって配慮を希望する場合も申請できますが、診断書を用意するなど手続きに時間がかかることを考慮した上で、**ご家庭と連絡を取りながら漏れのないように要項を確認し、手続きを進めていきましょう。**

✦｜電子化申請の概要

○出願や登録内容の変更等はオンライン（パソコン、タブレット、スマートフォン等）で行う

○これまで高校卒業見込み者の出願書類は在籍校でとりまとめてセンターに提出していたが、志願者本人が直接センターに出願する

○受験票はオンラインにより各自で印刷して試験場に持参する

○検定料の支払いはオンライン決済（クレジットカード決済、コンビニエンスストア支払、Pay-easy決済も利用可能）になる

○インターネット環境を利用できない場合、代替措置がある

　高等学校関係者向けサイトでは、志願者データを閲覧することができますから、正しく出願できているか指導をする必要があります。

小論文指導のポイント

　総合型選抜や学校推薦型選抜で出題されることが多い小論文について、書き方を計画的・組織的に指導する必要があります。このとき、社会科学的な視点の小論文、医学的な小論文、地球環境に関する小論文などテーマが多岐にわたるため、国語科以外の教員も小論文指導のサポートに入ることが望ましいです。そこで、次のようなポイントを押さえると国語科以外の教員でも効果的な指導が可能です。

✦ | 文章の基本的なルールを教える

　まずは、基本的な文章のルールを教えることです。多くの生徒は、話し言葉を文章に使いがちです。日常会話で使う言葉は避けるようにします。敬体（です・ます調）と常体（だ・である調）を混在させると読みにくくなるため、どちらかに統一します。**小論文では一般的に常体を用いるのが望ましいです**。

　一文が長すぎると読み手に負担をかけるので、**目安として30〜40字、長くても60字以内に収めるように指導するとよい**でしょう。文章の読みやすさを高めるために、適切な箇所で読点（、）や句点（。）を打つよう指導します。

　長い文になると文構造が複雑になりやすいので、**主語と述語、修飾語と被修飾語が正しく対応しているか確認**し、短い文で明確に表現するよう勧めます。副詞と文末表現の組み合わせに注意し、例えば「全然」は否定形と結びつくので、「全然〜ない」のように正しく使っているかチェックします。

　誤字や脱字は文章の信頼性を損ないます。特に、**専門用語や志望分野に関連する言葉の誤りは致命的となる可能性がある**ため、見直しを徹底させます。

✦ | PREP法を活用する

　次に、小論文の書き方のポイントを伝えます。自分の意見を明確に述べるこ

と、論拠を示すことが大事です。ある論点について、**YesかNoか最初に立場を明確にし、その理由を書く**、というフレームを意識すると書きやすくなります。このフレームの一つとして、PREP法が参考になります。PREP法とは、文章やスピーチを効果的に構成するためのフレームワークで、次の4つの要素の頭文字を取ったものです。

- P（Point）要点・結論：最初に自分の主張や結論を明確に述べます。
- R（Reason）理由：その主張を支える理由や根拠を説明します。
- E（Example）具体例：理由を補強するための具体的な例や事例を挙げます。
- P（Point）要点の再提示：最後にもう一度主張や結論をまとめ、強調します。

このフレームを用いることで、文章が論理的でわかりやすくなり、読み手に自分の意見を効果的に伝えることができます。

✦ | 社会の動向を把握する習慣をつける

小論文のテーマは社会的な問題が多いため、**普段からニュースや新聞を通じて社会の動きに関心を持ち、社会の動向を把握する習慣をつける**ように声をかけるとよいでしょう。今、何が起こっているのか、なぜそれが問題なのか、自分はどう思うのか、家族や友人と社会問題について話し合ったり、ノートに書いたりするように助言します。

進路指導部として、これらのポイントを踏まえて指導できるよう、教員向けに小論文指導の校内研修会を企画するとよいでしょう。

小論文で使えるPREP法

The third grade

#面談

面接指導のポイント

　就職する場合だけではなく、総合型選抜や学校推薦型選抜など大学や専門学校等の入試にも面接試験があります。生徒の中には、高校受験をする際に練習し、面接を受けたことがあるという生徒もいるかもしれませんが、今まで全く面接をしたことがないという生徒もいるはずです。もし面接が必要だということであれば、練習は必須になります。どのように面接指導を行っていけばよいでしょうか。

✦ | 面接指導は誰がするのか？

　学校によってやり方はさまざまかもしれませんが、まずは進路指導部が音頭をとることが望ましいです。理由としては、進路指導部が生徒の進学・就職の情報を持っており、どの生徒に面接が必要なのか把握しているからです。ここで生徒情報を集約し、面接の内容等によって、3学年の教員に割り当てたり、教科担当の教員に振ったりします。

　その際、「面接指導はしたことがないから指導できない」という教員もいるかもしれません。しかし、心配はいりません。ほとんどの場合は、**入室から退出までの一連の流れがわかるような資料があります。**

　また、**卒業生たちが残してくれた面接試験の報告書などを参考にすれば、面接内容もある程度はわかる**ので、それに従って指導していきます。

✦ | どのくらい真剣に練習をしてきたのかを面接官は見ている

　面接指導の際、一つ目のポイントになるのが声の大きさや、姿勢、身なり等です。生徒の中には「話した内容が良ければ、面接中の所作とかは関係ないのではないか」という生徒がいますがそうではありません。面接官は必ず面接中の所作も見ています。その理由としては、**この面接に向けてどれくらい真剣に**

110

面接練習をしてきたのか、面接とはどういうものかをきちんと考えたのかというところを見ようとしているからです。

　面接官としては、頑張ってくれる生徒を受け入れたいと考えているので、「準備もしてこない生徒」は、できるだけ避けたいというのが本音でしょう。内容ももちろん大切ですが、面接官がどのような印象を持つのかも重要です。

　また、自分では自身の面接の様子を見ることはできないので、スマホ等で面接の応対の様子を録画してあげることは有効です。実際に自分がしっかりできていると思っていても、無意識のうちに足を組んでしまっていたり、目と目が合わなくなっていたりということはよくあります。**必ず一度は、面談中の姿を本人に確認させましょう。**

✦ ｜ 面接はとにかく量が重要

　面接指導のポイントの二つ目は応答の内容です。内容については、質問に対して正対しているのか、自然な応答ができているのか、生徒自身の学んできたことや経験・体験に基づいた言葉なのかという部分が特に重要になってきます。覚えてきたものを思い出しながら言葉を発しているようでは、まだまだ練習が足りないと言えるでしょう。面接は、量が重要です。さまざまな教員、生徒同士、家族でも構いません。**何十回と面接練習をすることで自信につながり、本番で結果が出せるようになります。**そのことを生徒に伝え、教員はサポートしてあげましょう。

> どのような観点で面接を評価するかは、学校や企業によってポイントが異なります。過去の卒業生の面接報告書から、どのような面接指導をすればよいか分析と考察、予想が重要です。ただ、最も確実なのは、担当者に直接聞くことです。大学などの教員向け入試説明会に参加し、個別相談の時間で根掘り葉掘り、担当者に紳士的に質問をして情報を集めています。

The third grade　　#ICT

総合型選抜・学校推薦型選抜の準備

　総合型選抜・学校推薦型選抜の入試の多くは、年内に行われ、年内入試と言われます。年内入試は、早めの準備が必要です。また、一般選抜の受験も並行して準備する必要があるので、計画的に取り組むように働きかけるようにしましょう。

✦ | 年内入試対策は複数の教員で行う

　年内入試は、一般選抜と異なり、さまざまな方法で実施されています。小論文試験や面接試験、プレゼンテーションや模擬講義のレポートなど、まずは、どのような試験が課されるのかを確認し、必要な対策を検討して準備を始めていきましょう。

　ある程度の準備が整ってきたら、本番に向けた練習を複数回に分けて実施します。生徒の力がついてきているのかを客観的に見てもらうため、教科担当や他クラスの教員にも協力を依頼し、複数の目で成果を見てもらうことも一つの方法です。

　このときに気をつけなければならないのは、複数人の指導により、相反するような異なるアドバイスで生徒が混乱しないようにすることです。面接対策ノートのような、指導やアドバイスの内容を記録するノートを生徒に用意させ、面接練習など指導する前に、他の教員からどのようなアドバイスをもらっていたのか確認することで、生徒が混乱しにくくなります。

✦ | 生徒の状況や心境に寄り添う

　小論文やプレゼンテーションといった入試形式の場合、普段の授業で取り組む機会はあまりありません。生徒は、十分に時間を確保できていない状況で取り組まなければいけないことを念頭に接していきましょう。

これらの入試方法で受験をする場合には、放課後などを利用し、時間を多く
かけて取り組ませていかなくてはなりません。十分に練習を重ねていくことで、
自信を持って本番に取り組めるようになります。

年内入試で必ず合格になるとは限らないので、このような一連の取り組みと
共に、**並行して一般入試に向けた準備にも取り組むように促します**が、仮に順
調に取り組めていたとしても、生徒のメンタル面には留意が必要です。いつも
以上にたくさんのことを取り組ませることで、結果的に追い込んでしまうこと
もあります。少しでもいつもとは違った雰囲気や様子があった場合は、一度休
ませることが必要です。あせることなく、着実に取り組ませることができるよ
うに心がけて接していきましょう。

✦ | インターネット出願の提出書類の確認は必ず一緒に行う

出願に際して、提出する書類は生徒本人だけでなく教員も一緒に確認するこ
とが重要です。近年では、インターネット出願による方法が主流となってきて
いますが、調査書は郵送する形式がほとんどです。受験料の振込方法が複数あ
るため、心配の多い生徒であれば、振込方法について、あらかじめ家庭にも電
話で確認しておきましょう。出願締切日、締切時間を必ず生徒と教員で確認し
てください。

**出願時は、証明写真をデジタルデータで提出する大学等もあり、進路用写真
をデータで提供できるか、写真業者に確認します。インターネット出願では、
入力の不備があると出願が受理されないので、出願締切時間ギリギリではなく、
締切の数日前に余裕を持って入力を完了するように指導します。また、提出す
る書類を印刷して手元に保管しておくことも大切です。**

The third grade

大学入学志望理由書、活動報告書、学修計画書の準備

　大学入学者選抜の改革が進み、多くの大学で一般選抜でも「学力の3要素」を多面的・総合的に評価するようになりました。昭和から平成にかけて行われた、いわゆるセンター試験対策のような知識偏重の進学指導では、現在、希望する大学に進学させることがなかなか困難な状況になっています。

　学力の3要素とは、(1) 知識・技能、(2) 思考力・判断力・表現力、(3) 主体性を持って多様な人々と協働して学ぶ態度を指します。グローバル化や技術革新、労働人口の減少などの社会構造の変化を踏まえ、学習指導要領では、「自ら問題を発見し、答えを生み出し、新たな価値を創造する力」を育成する重要な要素として強調されています。

　こうした社会構造の変化を踏まえ、大学入学志望理由書や活動報告書、学修計画書を、高校3年生の夏休みまでに準備するよう、進路指導部や担任から早めに発信することが大切です。

　ここでは特に志望理由書の作成をどのように指導すればよいか、3つのポイントを説明します。

1 アドミッションポリシーとディプロマポリシーを確認

　大学で何を学びたいのか、生徒自身が明確に語ることが大切です。その上で、大学が求める学生像と合っているか、アドミッションポリシーを確認します。さらに、大学を卒業後に社会で貢献できるどのような力を身につけられるのか、ディプロマポリシーも確認するように伝えるといいでしょう。ディプロマポリシーは、「各大学がその教育理念を踏まえ、どのような力を身に付ければ学位を授与するのかを定める基本的な方針であり、学生の学修成果の目標となるもの」であり、大学のカリキュラムやアドミッションポリシーは、このディプロマポリシーを達成するために作られています。

単に、大学のホームページやパンフレット等で調べたことを並べるだけの志望理由は避けたいところです。

✦ | 生徒の体験・経験から学んだことが書かれているか

志望理由書には、生徒の「主体性を持って多様な人々と協働して学ぶ」ことが伝わるように、生徒自身の体験や経験から得た学びが具体的に書かれているかがとても重要です。

例えば、次のような志望理由はどうでしょうか。「将来の夢であるエンジニアになるため、実践的なカリキュラムと優れた研究環境を提供する貴学を志望します」、「社会や文化への探究心を深めるため、貴学の多彩な人文学プログラムと充実した学習環境に魅力を感じました」というような志望理由は、文章としては綺麗です。しかし、誰にでも書けそうで本人の姿が全く見えないため評価が低くなる可能性があります。

大学（試験官や面接官）がどのような学生を求めているのか想像して、体験や経験に基づいた具体的な行動や学びを書くように指導します。

✦ | 過去・現在・未来のバランスが取れた構成か

志望理由書を書くときに、生徒自身がそれまでの体験や経験を振り返ることは大切です。しかし、その「思い出」が志望理由書の半分を占めるような構成は望ましいものではありません。

体験や経験から、現在、どのような行動や学習・探究活動に取り組んでいるのか「今の私」と、大学で何を学び社会でどのような活躍を想像しているのか「未来の私」を明確に示すことで説得力のある志望理由になります。これらのバランスが取れているか志望理由の構成をみてあげましょう。

志望理由書は400字〜800字で書かせる大学が多いですが、中には1000字を超える分量を求める大学もあります。大学入学志望理由書、活動報告書、学修計画書の指導では、『改訂版 高等学校調査書・推薦書記入文例＆指導例』（学事出版）が参考になります。

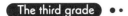

入学試験前の声掛け

　近年は入試の多様化が進み、さまざまな形式、日程があります。例えば、ある通常授業の日に学年でひとりだけ推薦型選抜を受けにいくというケースもあるでしょう。そんなとき、受験生は「自分以外は日常の時間が流れているのに、自分だけが受験して戦っている」という孤立、不安を感じるかもしれません。

　そこで、推薦型選抜の日が近づいてきたら、関係した学年や進路指導部の教員から受験生へ声掛けをしたり、担任から保護者に連絡を入れたりしましょう。もし、当日に受験する生徒に連絡することが難しい場合、事前に時間をとってゆっくり話をしておきましょう。

✦ 1 推薦型選抜を受ける生徒が孤独感を抱かないために

　推薦型選抜を受けた生徒は「ひっそりと受けて、ひっそりと受かった」と言ったり、一般選抜まで学習に取り組む生徒から「早く終わってよかったね」と声をかけられ、「素直に喜べない」「入試が早く終わって後ろめたい」と言ったりすることがあります。<u>生徒の孤立、不安をできるだけ和らげ、ひとりで進路実現に向けて取り組んでいるわけではないことを感じてもらえるような仕掛けが重要</u>です。例えば、クラス内の役割を与える（アルバム委員など）、進学先の入学前課題に取り組ませる、一般選抜でも対応できる学力をつける、定期考査で手を抜かずに最後まで学校生活を丁寧に過ごさせるなどです。

　そうしたことを踏まえ、事前に生徒と話をする際には、<u>これまでその生徒が受験に向けて、どのようなことに取り組んできたか確認することも一つの方法</u>です。学科試験であれば、これまでの模擬試験や定期考査などの点数、偏差値などにより、どのように学科試験に対応する学力がついてきたか振り返ります。

　一方、面接、小論文、グループディスカッションなどは、それらに対応できる力がついたかどうか、生徒本人がわかりにくいものです。「小論文もはじめ

は書けなかったけど、内容が充実してきたね」「面接練習では、しっかり話せるようになったね」のように、受験に向けて歩みを進め、形になってきたことを伝え、自信を持って受験するように背中を押して送り出したいところです。

✦ | 家族や友人などとのつながりを認識してもらう

　一般選抜の場合、1月に行われる大学入学共通テスト、私立大学入学者選抜、国公立大学入学者選抜などがあります。推薦型選抜同様に受験する生徒は不安を抱えています。ただ、**一緒に受験する学校の友人、塾や予備校、SNSでつながっている仲間などの存在は大きい**のではないでしょうか。教員が一人ひとりの不安と向き合うことは大切ですが、受験生ひとりあたりに多くの時間をかけすぎると、他の校務に影響が出るかもしれません。家族や友人、仲間など、どんな人とのつながりが不安を和らげるかを、それぞれの生徒にヒアリングしておき、受験生を支えるさまざまなつながりを認識してもらいましょう。そして、それぞれの生徒の「支え」がうまく機能しているかを観察しながら、**必要な場合には適切にサポートする構えを作っておくとよいでしょう**。

　3学年の教員は、受験がうまくいってもいかなくても、それぞれの生徒と連絡を取り合って、進路が決まるまでサポートできるような、適度な距離感を保ちつつ関係性を築くことが大切です。

筆者が進学校で勤務していた頃の大学入試センター試験は、ほぼ高校ごとに試験会場が割り当てられていました。勤務校では大学入試センター試験の当日に、3学年の教員が朝から試験会場の入口に集まって激励するのが伝統になっていました。会場に到着した生徒たち一人ひとりに声掛けし、お菓子を渡すと、ふっと笑顔になります。受験は一人じゃなく団体戦だ、と言い続けた学年でしたので、私たち教員も一丸となって生徒たちを応援しました。受験生の不安は、どのような形でも、信頼できる教員の応援で解消できると思います。

The third grade

合格、不合格のフォロー（進学・就職）

\#面談

　進学であっても、就職であっても、必ず「合格・不合格」「採用・不採用」が存在します。生徒は自分の進路について真剣に取り組んでいるので、その結果について、一喜一憂するのは当然のことです。うまくいった生徒はよいですが、思うように自分の進路が決まらなかった生徒に対しては、教員のフォローが大切になってきます。

1　第一志望に進学が決まらなかった生徒へのフォロー

　進学する生徒に関しては、自身が行きたい学校や学部等を考えさせて受験に向かわせます。しかしながら、第一志望に合格しなかった生徒もいるでしょう。他の大学でも、同じような学びができるからよいと考えられるのであれば、他の学校に進学するように勧めますが、**どうしても第一志望にこだわるのであれば、浪人という選択肢もあります**。学校にはさまざまな予備校から資料が届いているはずなので、それを見せながら相談することも必要です。

　他の学校に行くにしても、浪人するにしても、生徒は非常に気持ちが落ち込んでいます。まずは生徒の気持ちに寄り添いつつ、前を向けるような選択肢をたくさん出してあげましょう。**ここで重要なのは「進路を押し付けない」ということ**です。教員は生徒よりも経験値が高いためにどうしても進路についてアドバイスをしたくなります。しかし、生徒自身が決めないと「あのとき、先生にこう言われたから」というようなことにもなりかねません。**あくまで選択肢を出してあげるところまでに留めておきましょう。**

　ただし、浪人する場合には、保護者の承諾が必須になるので、生徒と保護者でよく話し合いをするように促すことが大切です。

✦ | 思うように就職が決まらなかった生徒へのフォロー

希望の職種には就職できなかったが、どうしても就職しなければならず希望とは異なる仕事を選んだ生徒や、どこからも内定がもらえず採用に至らなかった生徒もいるでしょう。まずは**生徒とよく面談し、「生徒自身がどうしたいのか」を聞くことが大切**です。生徒が希望の職種ではないけど頑張るのであればそれでもよいですし、いざとなれば転職という考えもあるかもしれません。

就職先が決まらなかった生徒に関しては、ハローワークと連携して、卒業後でも採用試験をしてくれるところに連絡を取る等、学校ではない公的機関とつなげます。**卒業後は、学校がフォローしてあげることができないので、今後就職活動をするために必要な機関とつないでおく必要があります。**

✦ | 合格・内定した生徒にも最後までフォローが必要

このように考えていくと、不合格者や不採用者だけフォローしてすればよいということになりそうですが、そうではありません。進学であれば、合格後の手続きを怠らないようにしなければなりませんし、内定後も入社前に顔合わせがあるところもあります。実際にこのような手続きをせずに浮かれていて、合格取り消しになったケースもありますので、**結果に関係なく生徒の状況を見てフォローしていくことが大切**です。

不合格したときのフォロー

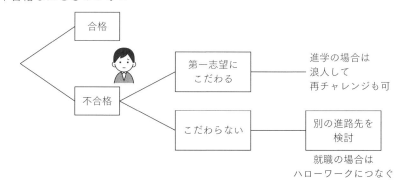

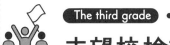

The third grade

志望校検討会の実施
（進路指導部・学年）

#成績

　国公立大学など一般選抜で大学進学する生徒の合格可能性は、生徒も担任も気になるところです。特に３年生になり、受験勉強に取り組むようになると、自分のことを客観的にとらえて受験勉強の計画を修正しながら進めることは、簡単ではありません。今の自分の状況を過小評価して不安になったり、過大評価して慢心したりします。

　そこで、目標とする志望校に合格し進学するために模擬試験を活用し、<u>進路指導部と３学年の担任で模擬試験の分析を通して、教員同士の目線合わせをするための「志望校検討会」を実施する</u>とよいでしょう。

1 面談とセットで検討会を計画しておく

　「志望校検討会」を実施する時期の目安は６月、12月、１月です。検討会後、<u>担任と生徒の二者面談や、保護者を交えた三者懇談をセットに実施時期を決定します</u>。検討会では、模擬試験の結果と、それまでの担任と生徒の面談記録から各生徒の志望大学への意気込み、将来の目標や就きたい仕事を「分析資料」にまとめます。

　生徒の志望大学への意気込みとは、その大学に「絶対に合格したい」「できれば合格したい」「合格できたらいいな」といった生徒の気持ちのことです。資料の形式は、エクセルなどで一覧表にまとめたり、生徒一人ひとりの記録としてまとめ「ポートフォリオ」のような資料にしたり、進路指導部の業務量と負担感を見ながら、どのような形式の資料を用意すればよいのか検討するとよいでしょう。

　分析の視点は、<u>第一に「生徒の進路実現の可能性を高めるには」とし、その次に「第一志望の大学に合格するには」とすると、担任が生徒と面談するときに話しやすくなります</u>。

6月の志望校検討会は夏休み以降の受験勉強のアドバイス、12月は大学入学共通テスト対策の取り組み方と私立大学の出願へのアドバイス、1月は国公立大学の一般選抜の出願先へのアドバイスをどのようにするのか、テーマにするとよいでしょう。

✦｜検討会で多角的に検討し、助言の方向性をすり合わせる

分析資料から、検討会で審議すべき生徒をピックアップし、進路指導部と3学年の教員で、**受験勉強の進め方、進路実現が叶いそうな他の大学や学部の検討、浪人する覚悟の有無など、複数の教員で多面的で多角的に、その生徒にどのような助言をしたらよいのか話し合います**。こうすることで、担任が生徒との面談で担任が伝えたことが、他の教員に相談したところ全く違う助言をされて、生徒が混乱し不安になるのを防ぎます。また、進路指導の経験が浅い教員であっても、具体的にどのように受験勉強を進めるのがよいのか、安心して助言することができるようになります。

検討会では、特に、①合格判定がD判定以下だけれど「絶対に合格したい」生徒、②例えば第1志望が文学部で第2志望が工学部のように志望する学部がバラバラの生徒、③担任がどうしても相談したい生徒を優先してピックアップするとよいでしょう。

大学入学共通テスト後、月曜日に自己採点の結果を予備校などに送付すると、水曜日には志望校合格判定が示され、国公立大学の出願指導に活用することができます。生徒は、A判定なら「合格しそうだ」と気が緩み、C判定であれば「もうだめだ、どうしよう」と諦めたりと、判定に気持ちが左右されがちです。そこで、教員として合格判定以外のデータも読み取り、生徒に客観的に伝えることが大事です。筆者の勤務校では、特に生徒の志望大学の得点の度数分布と、予備校からもらう前年度の合格不合格の度数分布資料と照らし合わせて、その生徒に合った分析をしています。

The third grade

#成績

高卒認定試験について知っておく

　高等学校卒業程度認定試験、いわゆる「高卒認定試験」は高校を卒業していない人が高校卒業と同等の学力があることを国が認定する試験です。この試験に合格すると、「高卒認定試験合格者」として大学や短期大学、専門学校の受験資格を得ることができます。また、一部の資格試験や公務員試験の受験資格も得られます。

✦｜進路変更の選択肢の一つになる高卒認定試験について知っておく

　高卒認定試験は、全日制高校等に在籍している生徒も受験することができます。どの高校でも、さまざまな事情で進路変更をする生徒も少なからずいます。学習意欲は高いものの、登校するのが難しい生徒にとって、進路変更の選択肢の一つに高卒認定試験がある、ということを担任が知っておくのもいいでしょう。生徒の「進路実現」にプラスに働くはずです。

　参考までに、令和5年度の出願者は19,191人で、このうち、全日制高校在学者が2,689人（14.0％）、定時制・通信制高校在学者は3,712人（19.3％）でした。

✦｜試験科目と出題範囲（令和6年度の場合）

　試験科目は、令和6年度の場合、国語、地理、歴史、公共、数学、理科、英語から合計8～9科目になります。令和6年度の出題範囲は次のとおりです。

・国語：「現代の国語」「言語文化」
・地理：「地理総合」
・歴史：「歴史総合」
・公共：「公共」
・数学：「数学Ⅰ」

・理科：「科学と人間生活」「物理基礎」「化学基礎」「生物基礎」「地学基礎」

（「科学と人間生活」および「基礎」を付した科目のうちいずれか１科目の合

計２科目、または「基礎」を付した科目のうち３科目のどちらかを選択）

・英語：「英語コミュニケーションＩ」

✦ | 過去問題と受験科目の免除について

過去問題は、文部科学省の高等学校卒業程度認定試験のホームページで公表されています。試験問題はすべてマーク式です。2020年度に廃止された「大学入学センター試験」によく似た形式になっていて、おおむね各科目40〜50点が合格ラインとされています。

高校１年生を終えた生徒が進路変更をする場合、１年生のときに修得した必履修科目、例えば「数学Ｉ」や「英語コミュニケーションＩ」などは、高卒認定試験の免除を受けることができます。高卒認定試験の「合格者」になるためには、少なくとも１科目以上の受験が必要になりますが、免除科目があれば、試験勉強の負担を減らすことができます。

✦ | 受験資格と出願時期について

受験資格は16歳以上で、大学入学資格のない人（高校などを卒業していない人）です。18歳になる前に全ての科目に合格した場合は、18歳の誕生日から「合格者」になります。

試験は年に２回、通常は８月と11月に実施されます。出願期間は、令和６年度の場合、第１回が４月１日から５月７日、第２回が７月16日から９月６日まででした。都道府県ごとに１会場が設定され、受験したい会場を出願時に選ぶことができます。多くは都道府県庁所在地に会場が設定されますが、詳しくは文部科学省の高等学校卒業程度認定試験のホームページで確認してください。

安易に決めない進路選択

　生徒の進路面談で、「偏差値が低いから入りやすそう」「受験科目が少ないから楽そう」といった理由で安易に進学先を決めてしまうケースに遭遇することがあります。しかし、こうした表面的な基準だけにとらわれると、せっかくの進学が将来に結びつかないばかりか、入学後にモチベーションを失ってしまう恐れすらあるのです。実際に、大学に通ったものの「何か違った」と自主退学し、翌年別の専門学校に進学した卒業生もいました。

　本来、学びとは自らの興味や関心、そして長期的な目標を見据えた選択によってこそ充実したものになります。進路指導の場では、その点をしっかりと生徒たちに伝えていくことが大切です。

偏差値やハードルの低さで進路を考えてしまうときの注意点

　例えば、偏差値で学校を選ぶ場合、それは一つのきっかけづくりとしては有効かもしれません。偏差値が高い大学には総じて研究設備や著名な教授陣が整っており、学びの質が高い傾向にあると生徒は感じるかもしれないからです。実際は偏差値によらず、どの大学も特色のあるカリキュラムや実践的な職業教育を提供しています。大切なのは、生徒本人がどんな分野で専門性を身に付けたいのか、どのような学習環境が最適なのかをしっかりと考えることです。「偏差値が低い＝学ぶ価値がない」という単純な図式に陥らないよう、教員は特に注意を促す必要があります。

　受験科目が少ないと、確かに受験生としては負担が軽いように感じるかもしれませんが、入学後に学ぶ内容が将来の夢とマッチしているかどうかが最も重要です。受験科目の多さ・少なさはあくまで受験期の負担に関する指標であり、大学や専門学校で学ぶ内容の質とは直接関係がありません。その学校が提供するカリキュラムや、キャリアサポート体制をじっくりと調べる必要があります。

　職業に直結した専門学校などを検討する際は、業界との連携やインターンシップの充実度、実習設備の質といった部分が極めて重要です。自分の学びたい専門分野をどれだけ深く学べるか、実社会で通用するスキルを身に付けられるかといった観点で学校を選ぶほうが、将来的にははるかに大きなメリットを得られます。

　ここで大切なのが、実際に足を運び、学校の雰囲気や教育内容を肌で感じる

ことです。複数の学校のオープンキャンパスに参加して、施設や講義、教員や在学生の様子を比較するのは非常に有効な手段と言えます。また、オープンキャンパスや学校説明会のような「特別な日」だけでなく、可能であれば普段の日常的な学生生活を見学できる機会があると、よりリアルな学校の姿を知ることができるでしょう。

大学入試を人生のハードルに据えてみる

一方、国公立大学の受験を目指す場合、大学入学共通テストで受験しなければならない科目が多く、さらに前期試験や後期試験の二次対策にも多くの時間を要するため「大変」という印象を持つかもしれません。しかし、受験勉強は自分で目標を設定し、乗り越えることができるハードルになります。努力の過程で得られる達成感は大きく、その成功体験が自信につながることも多いのです。

また、一般選抜を検討する際は、ベネッセの「Compass」や河合塾の「バンザイシステム」などを活用し、大学入学共通テストの結果から志望校判定を行う方法もあります。結果を踏まえて生徒が自分の現状を分析し、次に何を勉強すべきか、どの大学に出願すべきかを考える、というプロセスも自己理解や計画力の向上につながります。生徒にとって、より納得度の高い進路選択ができるようになるでしょう。

こうした進路選択の際に、自分自身の「関心」「適性」「将来ビジョン」をしっかりと見つめることを意識させましょう。高校での学びや部活動、アルバイトやボランティア経験などを振り返り、「自分がどんな時にやりがいを感じるのか」「自分は何をしたいか、何ができるか、何をすべきか」といった自己分析を言語化することで、学びたい分野や目指すべき学校が改めて明確になってくるはずです。本格的に受験勉強を始めるときに、改めて自己分析を深める時間を作ることをすすめたいですね。

そして何より、進路を選ぶのは生徒本人であることを、教員は常に認識し、ことあるたびに生徒に伝えていかなければなりません。他人の評価や保護者の意見に流されすぎず、客観的な情報を積み上げながら最後は自分の意思で進路の決断をすることが、主体的に学び続ける力になります。安易に進路を決めさせないことによって、生徒同士で互いに高め合い、切磋琢磨する集団を作るチャンスも生まれてくるのです。

おわりに ••

読者の皆様へ

　ここまでお読みいただき、チームSMASH一同、深く感謝申し上げます。

　本書を含む3冊（『高校教師のための学級経営・学習支援』『高校教師のための生徒指導・教育相談』）は、2024年にWeb Gakujiで連載していた「Web月刊ホームルーム　安心できるホームルームづくり」の内容を背景にそれぞれのテーマをさらに掘り下げ、より具体的な実践例とともに書き下ろしたものです。

　私たちが目指したのは、現場の先生方が「すぐに使える」「いつでも役立つ」ヒントや視点をお届けすることでした。日々の忙しさの中で、少しでもお役に立てる情報があれば幸いです。

進路指導の不易と流行

　将来を見据えて、生徒一人ひとりの進路活動の支援が高校教師には求められます。変わり続ける世の中で、昔も今も変わらず、生徒の進路実現に必要な情報や経験を与える重要な役割を担っているのです。進路指導部は、そのときの社会情勢に合わせて進路支援体制を再構築し続ける分掌です。

　生徒自身が自分の将来像をより具体的に思い描き、安心して進路選択に踏み出すために、常に教師もブラッシュアップが必要です。本書が進路指導に関して、その一助になることを願ってやみません。

最後に

　本書を出版するにあたり、執筆したチームSMASHの先生方はもちろんのこと、編集者の戸田幸子さんには、全国の先生方に届けるメッセージを紡ぐ作業を一緒にしていただきました。複数いる執筆者に対して丁寧に声をかけ、個々の事情に合わせ配慮・尊重してくださり、心から感謝申し上げます。

　本書が、お手に取ってくださった読者の力となり、全国の教育活動に少しでも貢献できれば、これに勝る喜びはありません。

チームSMASHを代表して

佐藤革馬

執筆・チームSMASH

現役高校教師による、研究・実践チーム。安心して過ごせる学級・ホームルームづくりを中心に、生徒指導・支援や進路指導・就職支援など、高校教師が生徒に行うサポートについて日々研究と実践を重ねる。全国各地から公立私立を問わず集まり、オンラインを中心に情報共有や発信を行っている。

〈執筆者〉　○は編著者　※五十音順・所属は執筆当時
　浅見和寿　埼玉県立朝霞高等学校
○佐藤革馬　札幌新陽高等学校
　鈴木智博　大垣日本大学高等学校
　逸見峻介　埼玉県立新座高等学校
　峯岸久枝　東京都立武蔵高等学校・附属中学校
　宮﨑亮太　私立中学・高等学校

Web月刊ホームルーム
チームSMASH連載
「安心できるホームルームづくり」（全12回）

高校教師のための進路指導・就職支援

2025年3月21日　初版第1刷発行

著　者　チームSMASH
編著者　佐藤革馬
発行者　鈴木宣昭
発行所　学事出版株式会社　〒101-0051 東京都千代田区神田神保町1-2-5
　　　　電話　03-3518-9655（代表）　https://www.gakuji.co.jp

編集担当　戸田幸子　　編集協力　町田春菜・酒井昌子
本文デザイン・組版　株式会社明昌堂　　装丁デザイン　相羽裕太（株式会社明昌堂）
印刷・製本　精文堂印刷株式会社

©Team SMASH,2025 Printed in Japan
ISBN 978-4-7619-3051-6 C3037
落丁・乱丁本はお取替えいたします。
本書の全部または全部を無断で複写（コピー）することは、著作権法上での例外を除き禁じられています。

シリーズ好評発売中！

高校教師になったら身に付けておきたい実務について、
経験豊富な先輩教師がわかりやすく解説・サポート

- 学級びらき、席替え、面談、保護者との関わり方から、担任が行う進路指導まで、1年間を7つの時期に分けて解説！

- 生徒指導上これだけは知っておきたい事柄からさまざまなトラブル対応まで、1年間を7つの時期に分けて解説！

- 1年生／2年生／3年生の段階ごとに区切り、各学年の進路指導ガイダンスの仕方などについて、テーマ別に掲載！

チームSMASH 著
A5判 各128頁
本体 **2,000** 円＋税

詳しくは「学事出版」ホームページをご覧ください。ご注文もできます。
https://www.gakuji.co.jp　TEL 03-3518-9016　東京都千代田区神田神保町1-2-5　和栗ハトヤビル3F